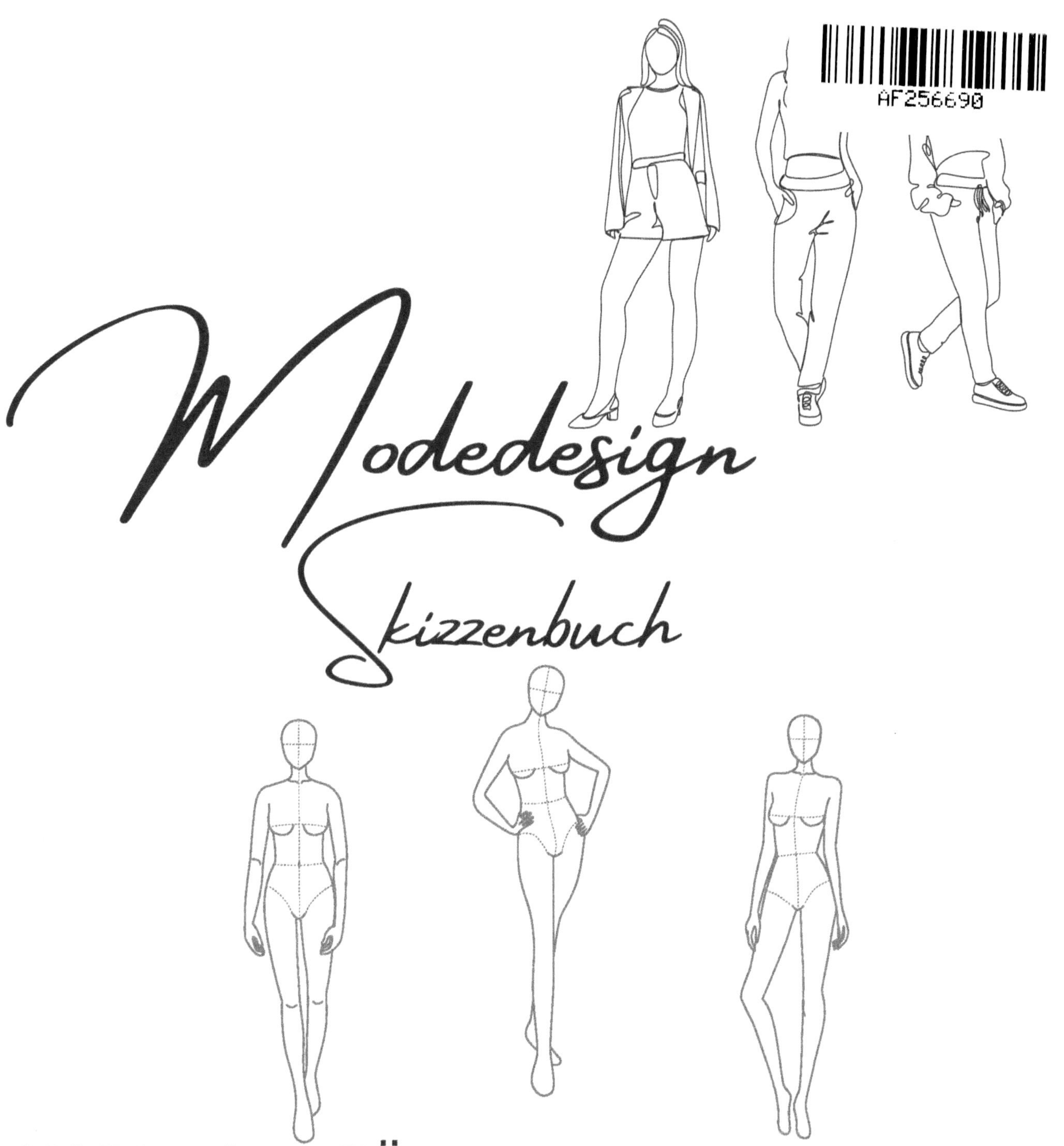

Modedesign Skizzenbuch

VORLAGEN FÜR WEIBLICHE FIGUREN

Von Anfänger bis Fortgeschrittene

Niky Jadesson

willkommen

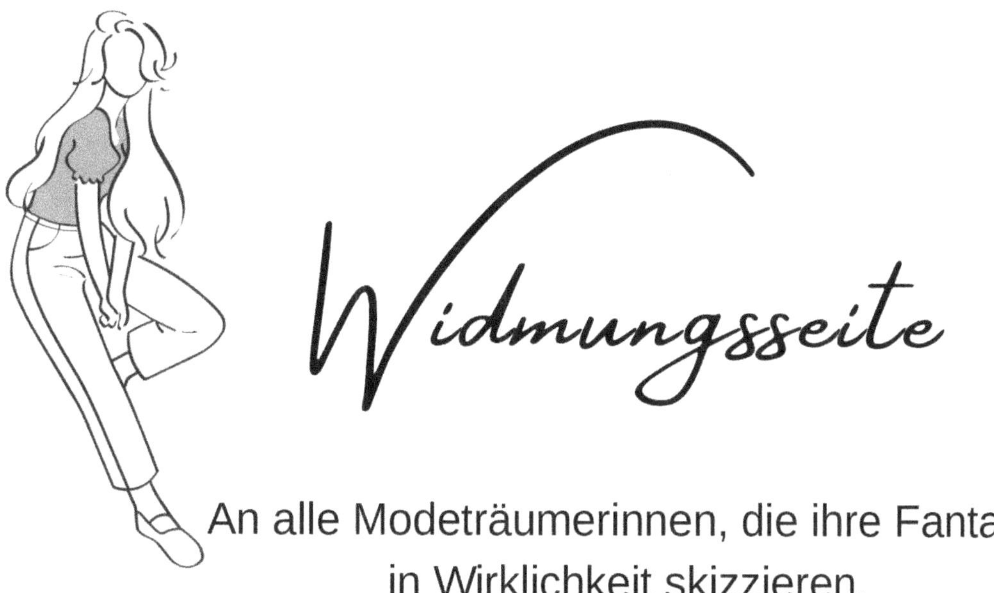

Widmungsseite

An alle Modeträumerinnen, die ihre Fantasie
in Wirklichkeit skizzieren,

Dieses Buch wurde für dich geschaffen - zum Entdecken,
Üben und freien Gestalten.

Möge jede Seite deine Kreativität fördern, deine Fähigkeiten
formen und dich daran erinnern, dass jede Linie, die du
zeichnest, deine Vision zum Leben erweckt.

Und an die Mentorinnen, Freunde und Liebsten, die diese
Reise inspirieren - danke, dass ihr Teil dieser Kunst seid.

Mit Liebe und Leidenschaft,

Niky Jadesson

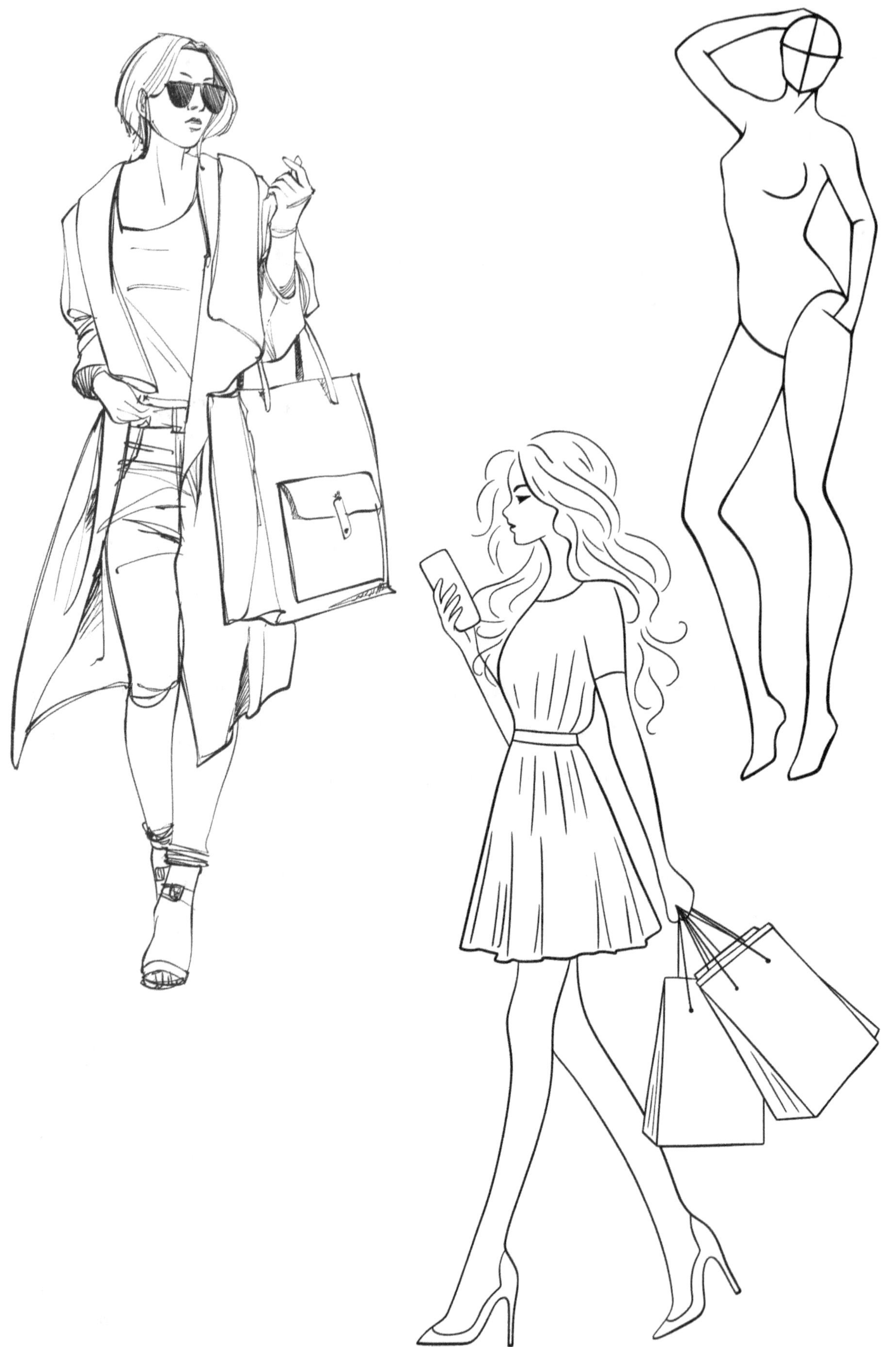

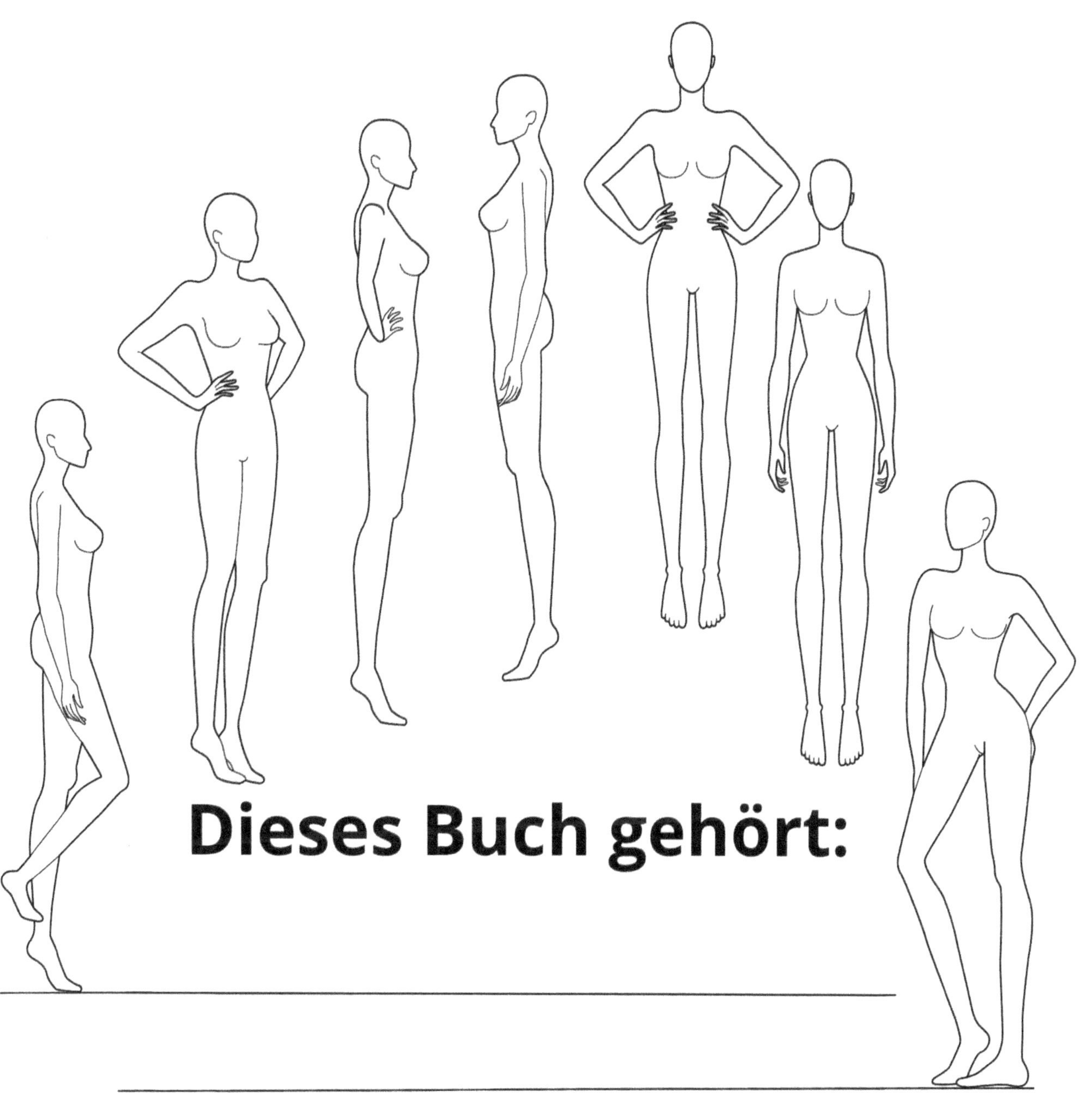

Dieses Buch gehört:

(Dein Name)

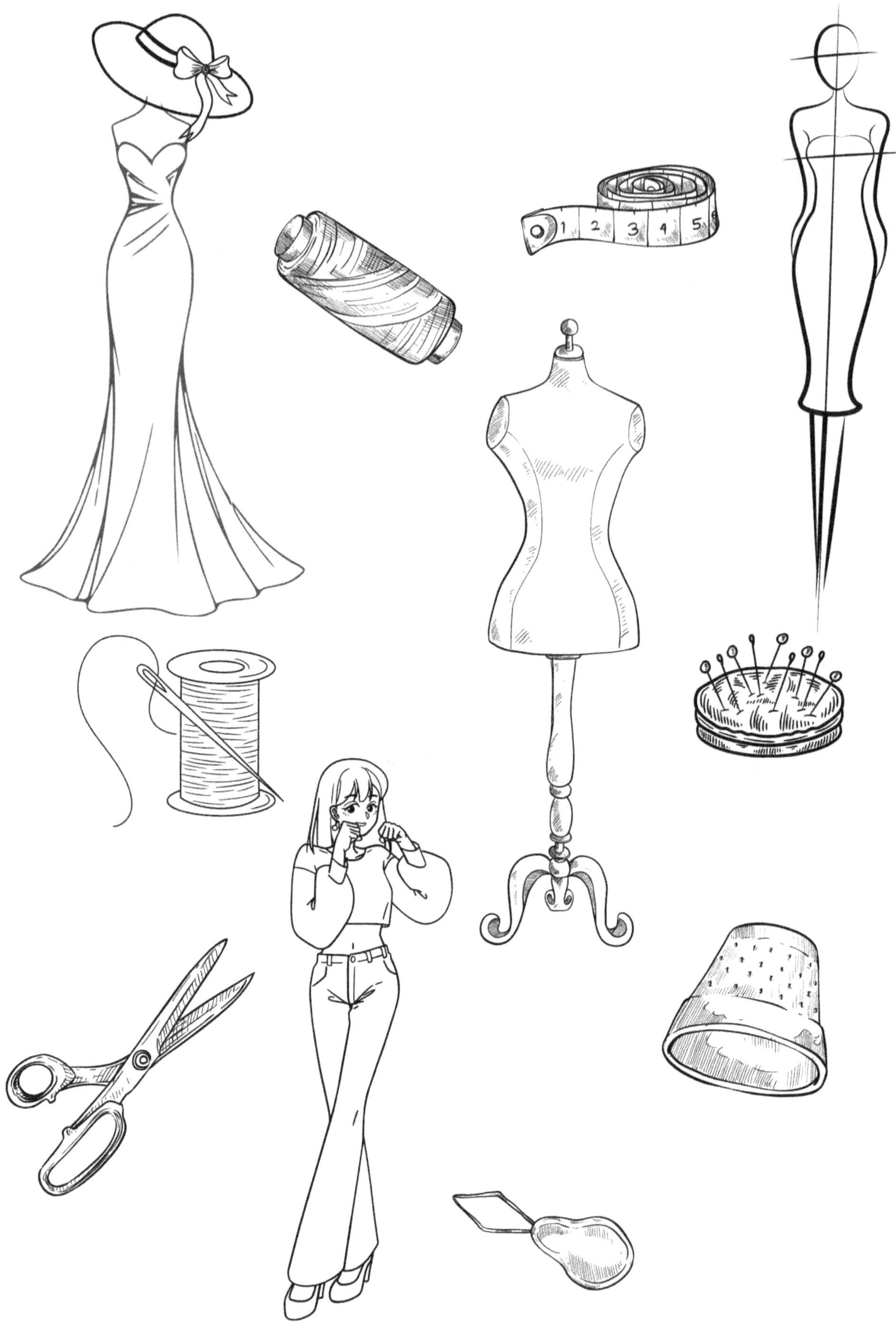

0 1 2 3 4 5 6

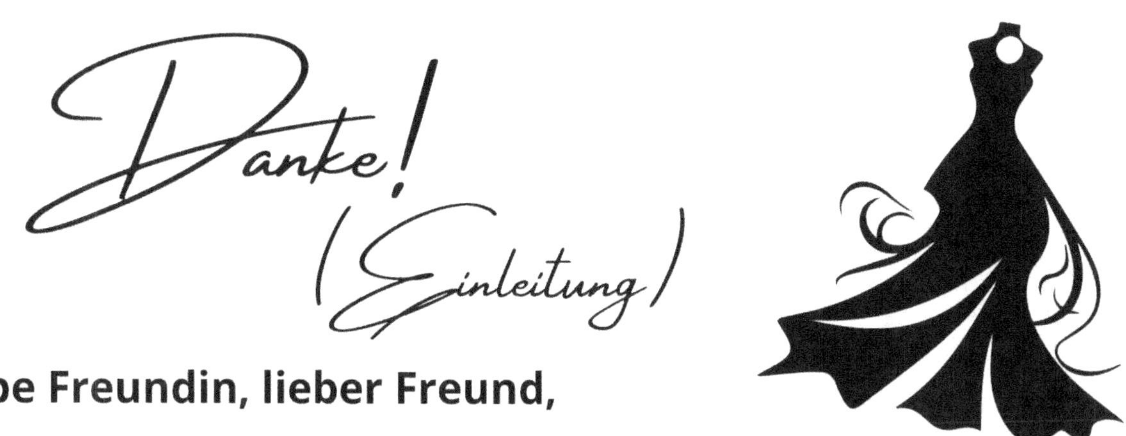

Danke!
(Einleitung)

Liebe Freundin, lieber Freund,

vielen herzlichen Dank, dass du dich für dieses Skizzenbuch entschieden hast!

Ich hoffe, es inspiriert dich zum Zeichnen, Experimentieren und zum Entdecken der Kunst des Modedesigns. Jede Seite lädt dich ein, deine kreativen Ideen zum Leben zu erwecken.

Wenn du über zukünftige Bücher informiert bleiben oder dein Feedback teilen möchtest, freue ich mich sehr von dir zu hören. Suche einfach online nach „**Niky Jadesson Books**".

Deine Unterstützung bedeutet mir unglaublich viel. Wenn dir dieses Buch gefällt und es dir einen Mehrwert bietet, hilfst du anderen Leserinnen und Lesern, es zu entdecken - mit einer kurzen Rezension unterstützt du unabhängiges Publizieren.

Mit Dankbarkeit,

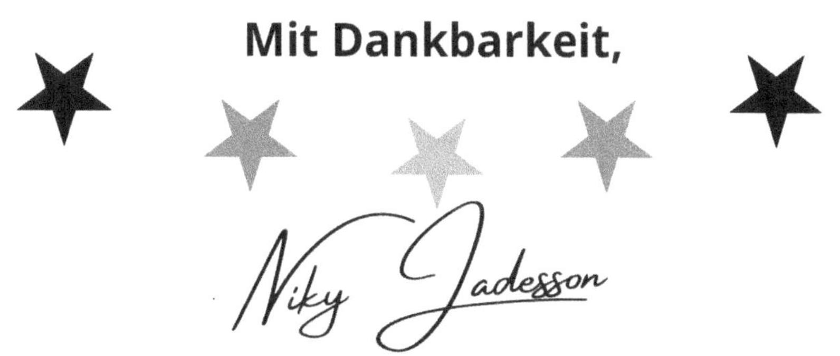

Niky Jadesson

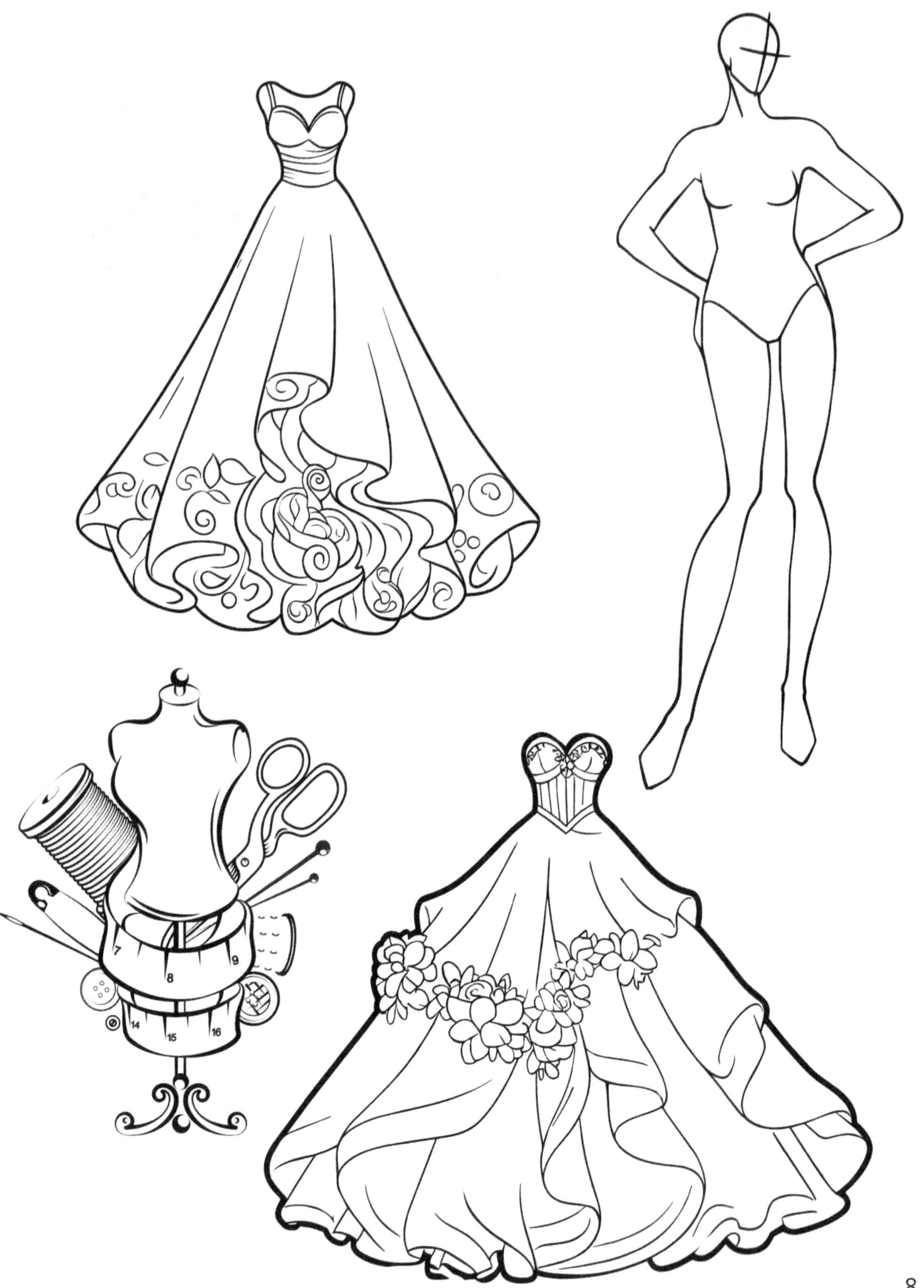

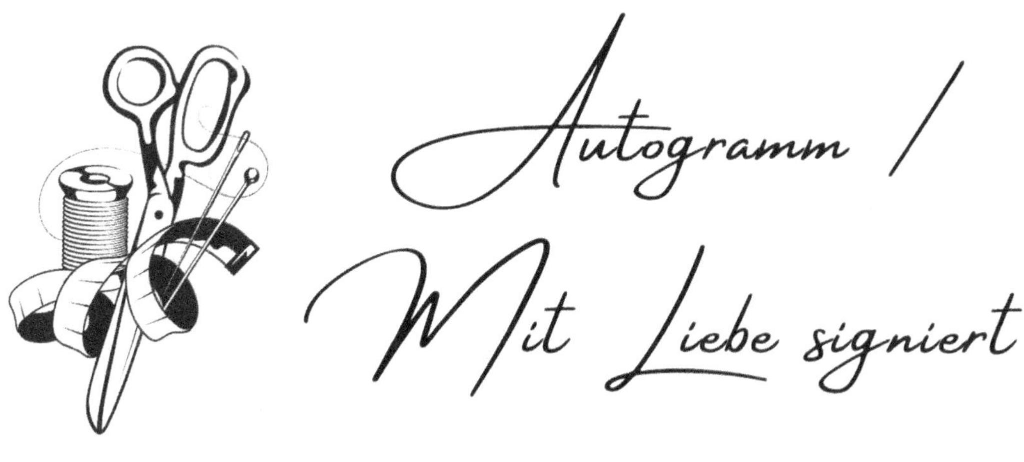

Liebe(r) _______________________,

dieses Skizzenbuch ist für dich - zum Entwerfen, Gestalten und zum Feiern deiner einzigartigen Vision.

 Möge es dich daran erinnern, dass jede Linie, die du zeichnest, ein Schritt zur Meisterschaft deiner Kunst ist.

Von ganzem Herzen,

____

(Unterschrift)

Datum: ______________

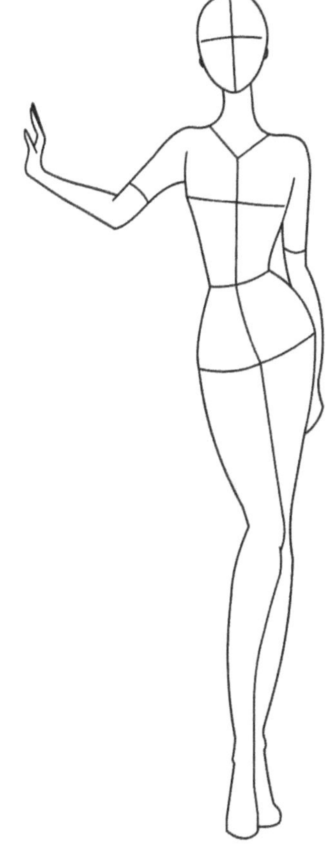

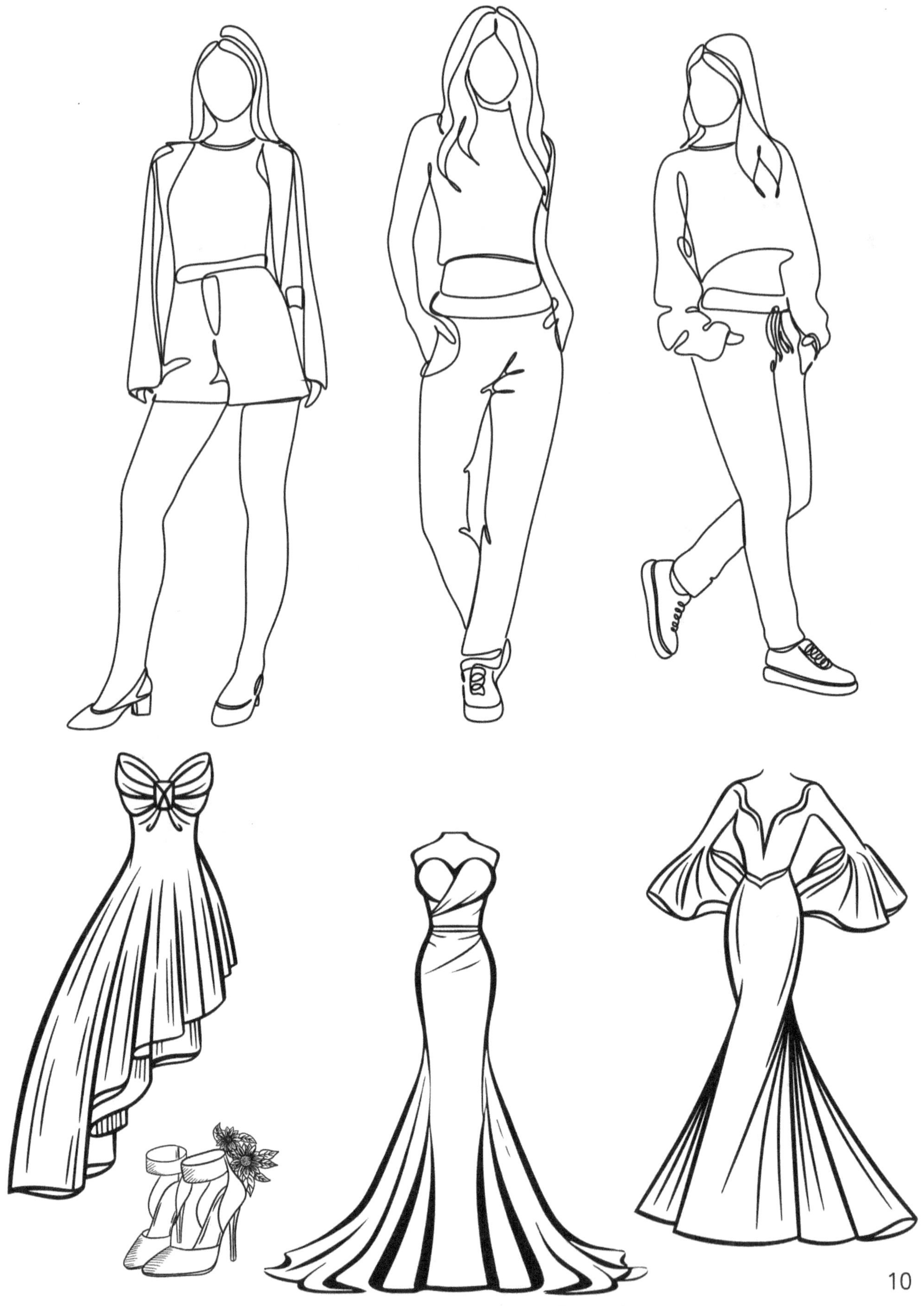

Inhaltsverzeichnis

Teil I - Einführungsseiten

Teil II - Ausbildung & Grundlagen

Inhaltsverzeichnis (Fortsetzung)

★ **Hinweis**: Die Körpervorlagen - Weibliche Silhouetten und Übungsseiten werden bewusst mehrfach wiederholt, um strukturiertes Lernen, fortschreitende Kreativität und Designvielfalt zu fördern.

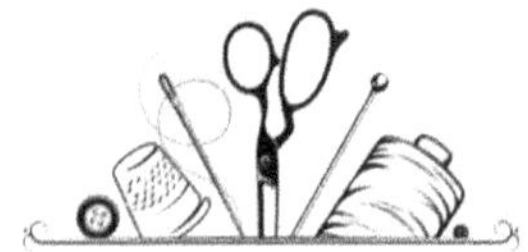

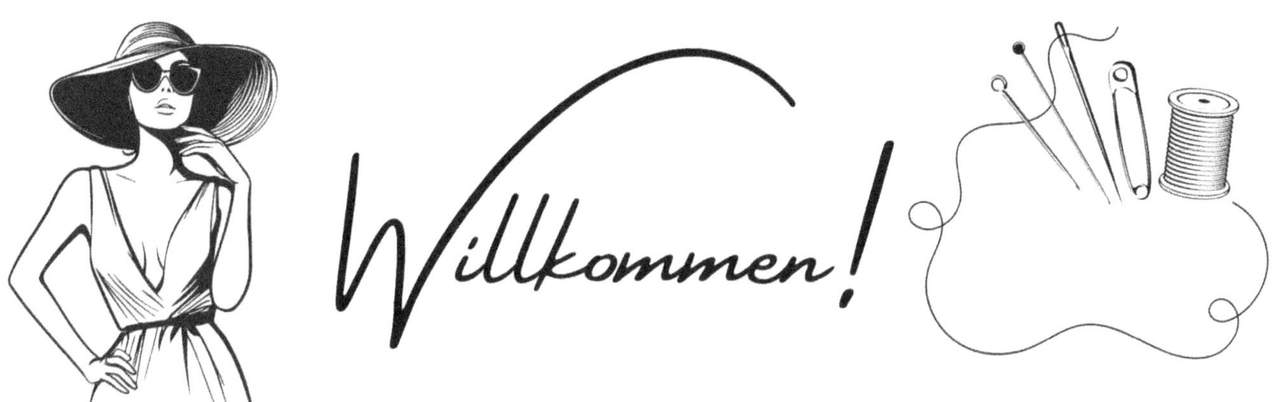

Vielen Dank, dass du dieses Buch gewählt hast!

Mode ist mehr als Kleidung und Trends - sie ist eine Sprache des Selbstausdrucks. Jede Skizze erzählt eine Geschichte, und jedes Design ist eine Vision dessen, wer wir sind oder wer wir sein möchten.

Dieses Skizzenbuch wurde geschaffen, um dir zu helfen, zu entdecken, zu experimentieren und deine Fertigkeiten zu verfeinern, während du deine Modeideen zum Leben erweckst.

Nimm dir Zeit, probiere verschiedene Silhouetten, Stoffe und Stilrichtungen aus, und vor allem - genieße den Prozess.

Egal, ob du ein Anfänger bist, der gerade erst mit dem Zeichnen beginnt, oder bereits auf deinem kreativen Weg - dies ist dein Raum, um zu wachsen und zu strahlen.

Wir fühlen uns geehrt, Teil deiner Reise zu sein.
Viel Freude beim Designen!

Niky Jadesson

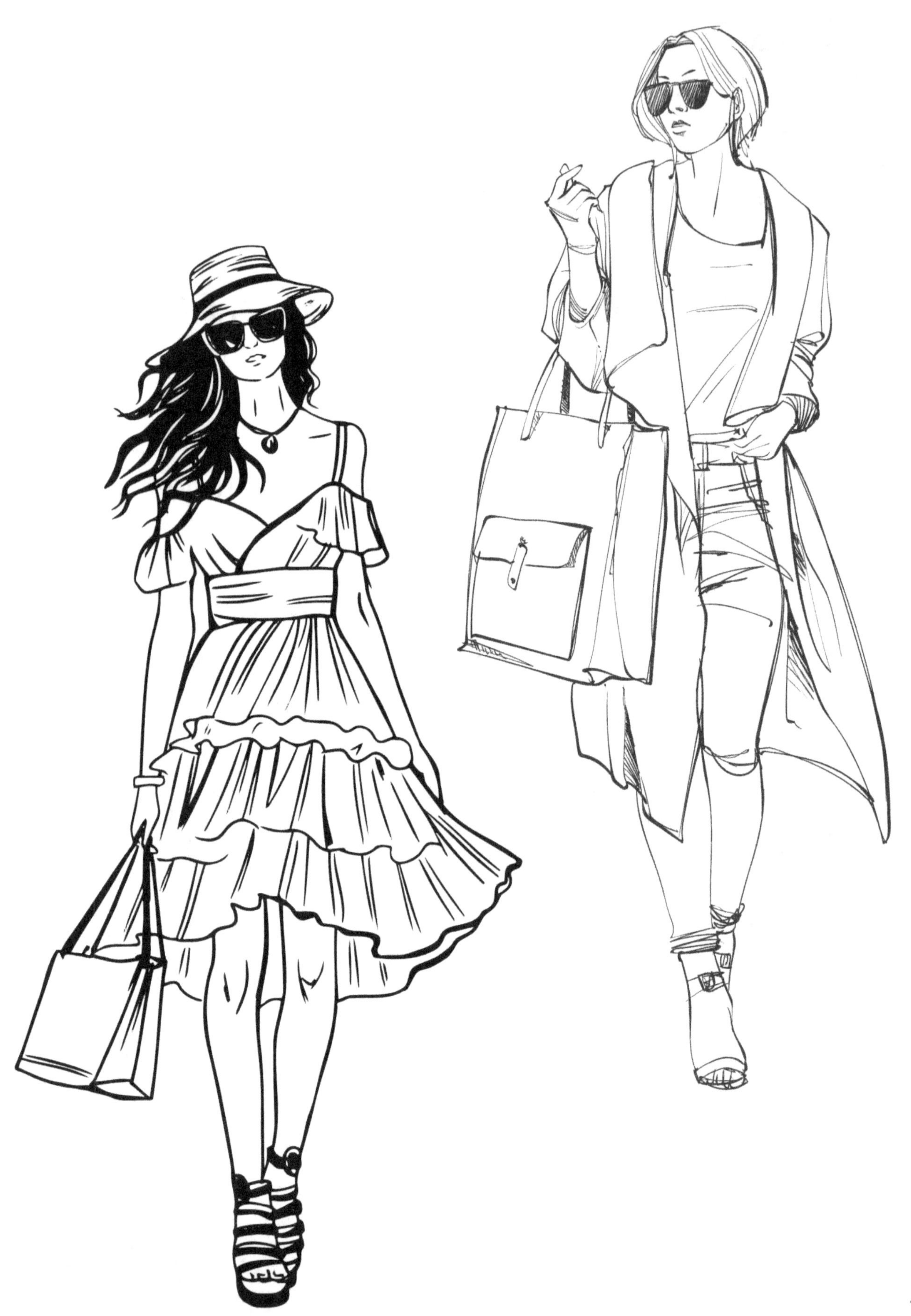

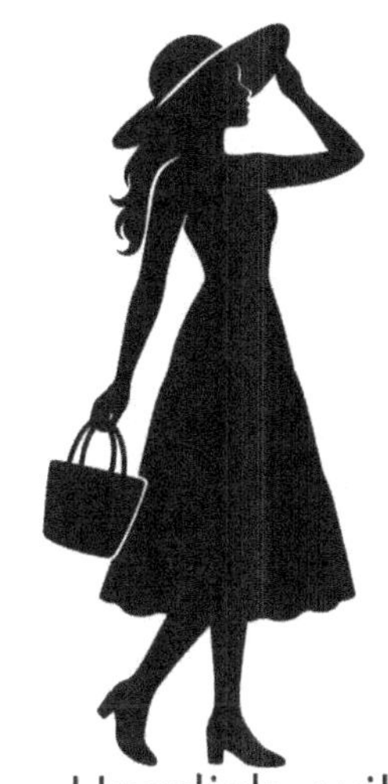

Vorwort der Autorin

Liebe Leserin, lieber Leser,

Herzlich willkommen auf dieser kreativen Reise in die Welt des Modedesigns.

Dieses Buch wurde mit einem Ziel geschrieben: dir einen Raum zu geben, in dem Lernen auf Praxis trifft, und in dem jede Seite neue Inspiration entfachen kann.
Im Inneren findest du sowohl Anleitung als auch Freiheit.

Anleitung durch Erklärungen zu Modegrundlagen, Silhouetten, Stoffen und professionelle Tipps.

Freiheit durch Körpervorlagen, Outfit-Inspirationen und Übungsseiten - wo deiner Fantasie keine Grenzen gesetzt sind.

Mode ist persönlich. Sie handelt von Identität, Kreativität und Selbstvertrauen.

Ich hoffe, diese Seiten inspirieren dich zu experimentieren, den Prozess zu genießen und Mode als die Kunstform zu sehen, die sie wirklich ist.

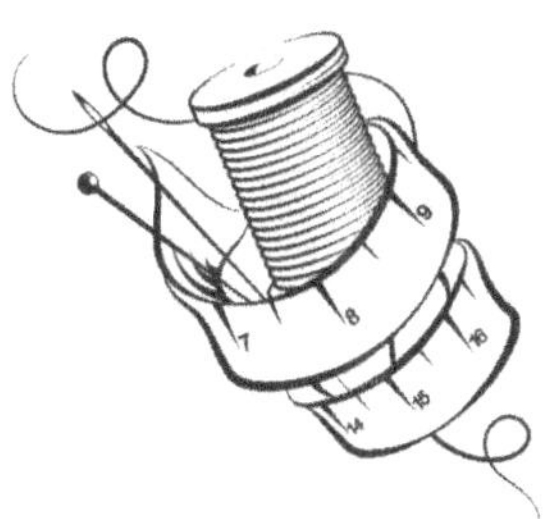

Mit Leidenschaft und Dankbarkeit,
Niky Jadesson

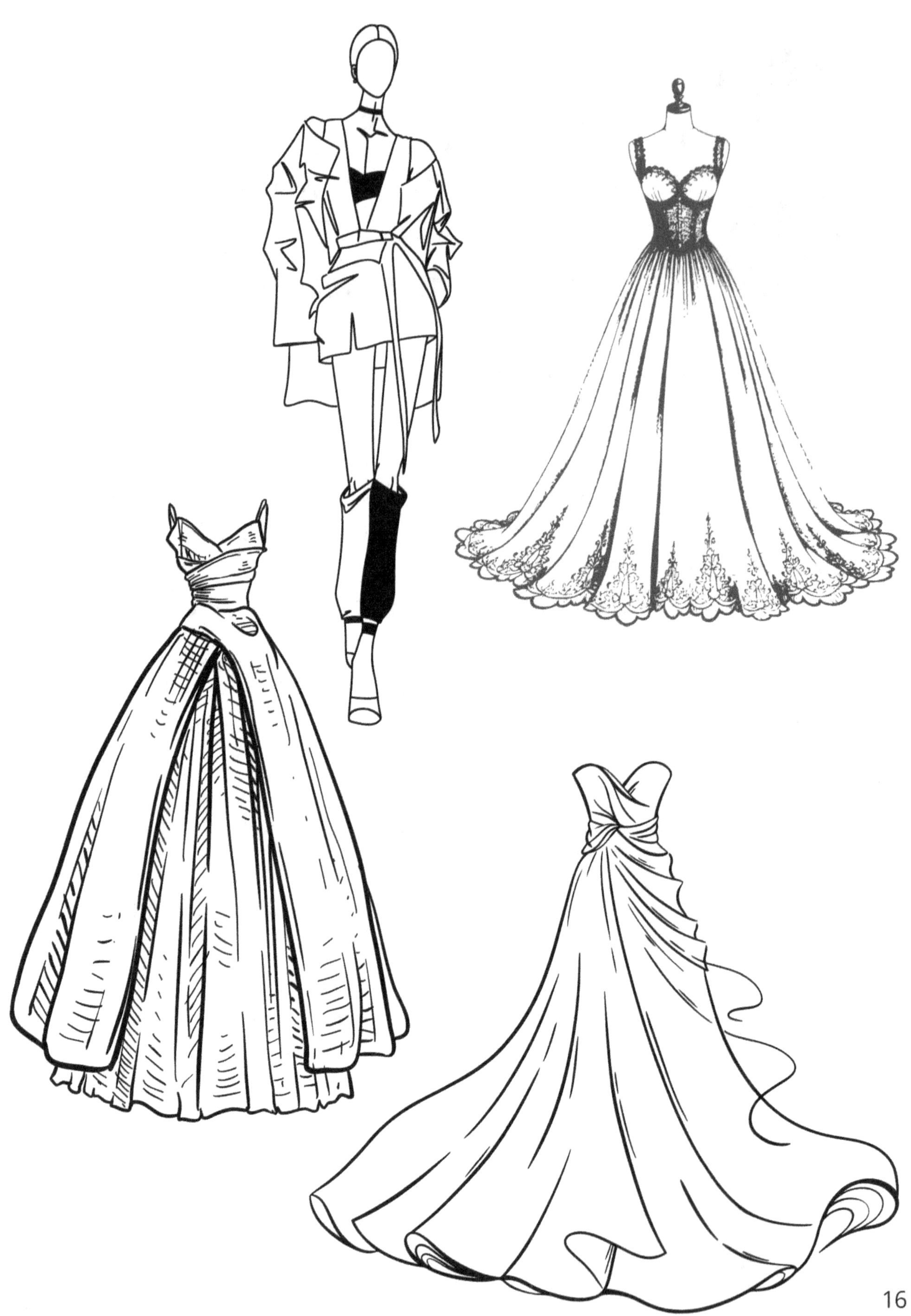

So verwendest du dieses Skizzenbuch

Dieses Skizzenbuch ist so gestaltet, dass es sowohl praktisch als auch kreativ ist.

Es gibt dir Raum, Outfit-Ideen zu erkunden, Zeichentechniken zu üben und über deinen persönlichen Stil nachzudenken.

Hier sind ein paar Tipps, um das Beste daraus zu machen:

- **Freiheit ausprobieren** - Teste verschiedene Silhouetten, Farbpaletten und Stoffe.
- **Notizen machen** - Verwende die Seiten im Übungsleitfaden, um deine Ideen, Inspirationen oder Materialauswahl niederzuschreiben.
- **Auf Vorlagen üben** - Die Figuren sind dazu da, dir zu helfen Outfits zu visualisieren, bevor du sie in echte Kleidungsstücke überführst.
- **Vergleichen & verbessern** - Nutze die Foto-/Inspirationsseiten, um Referenzen anzuhängen und zu sehen, wie sich deine Skizzen entwickeln.
- **Wiederholen & verfeinern** - Scheue dich nicht, dieselbe Idee mit kleinen Änderungen neu zu zeichnen. Wachstum kommt durch Wiederholung.

Ob du ein Anfänger bist, der Schritt für Schritt lernt, oder eine Designerin, die ihre Fähigkeiten schärft - dieses Skizzenbuch ist dein persönliches kreatives Studio.

Meine Ziele & Inspirationen

Modedesign ist mehr als Kleidung zeichnen - es geht darum, Identität, Lebensstil und Emotionen durch das, was wir schaffen, zum Ausdruck zu bringen. Diese Seite ist dafür gedacht, dass du über deine Reise als Designerin nachdenkst und die Ziele festhältst, die deine Praxis leiten.

Frage dich:

- Welche Art von Mode möchte ich entwerfen? (Casual Wear, Haute Couture, Abendkleider, Street Style)
- Wer inspiriert mich am meisten? (Designerin, Künstlerinnen, Ikonen oder sogar alltägliche Menschen)
- Welche Emotionen soll meine Kleidung vermitteln? (Selbstbewusstsein, Eleganz, Freiheit, Freude)

Schreibe es hier:

- Meine Designziele: ....
- Meine Stil-Inspirationen: ....
- Stoffe oder Farben, die ich ausprobieren möchte: ....
- Fähigkeiten, die ich verbessern möchte: ....

Tipp: Wenn du deine Ziele alle paar Monate neu überprüfst, siehst du, wie sehr sich deine Vision entwickelt hat.

Werkzeuge & Materialien
für Modedesign-Skizzen

Die richtigen Werkzeuge zu haben heißt nicht, teure Materialien zu benötigen - es geht darum, zu wissen, wie man sie nutzt. Hier sind einige Grundlagen für Modezeichnungen, besonders im Bereich Damenmode:

- **Bleistifte & Schattierungstools** - HB für leichte Skizzen, 2B-6B für Schattierungen wie Falten, Rüschen oder Godets.
- **Fineliner** - Für klare Konturen und Definition von Elementen wie Spitze oder Stickereien.
- **Marker & Buntstifte** - Ideal, um Stoffe darzustellen: Pastelltöne für Chiffon, metallische Marker für Satin, dunkle Farbtöne für Samt.
- **Lineal & Kurvenlineale** - Für präzise Linien bei Röcken, Hosen oder taillierten Oberteilen.
- **Digitale Werkzeuge** - Tablets und Software (Procreate, Photoshop, Illustrator) für saubere, professionelle Designs.
- **Stoffmuster** - Durch Anfassen echter Stoffe verstehst du Textur und Fall besser.

***Denke daran**: Es kommt nicht auf den Preis des Werkzeugs an, sondern darauf, wie du es nutzt, um deine Geschichte zu erzählen.*

Tipps
für den Einstieg

Der Anfang kann überwältigend sein, aber das Geheimnis liegt in der Beständigkeit. Hier sind ein paar praktische Tipps:

- **Starte einfach** - Konzentriere dich zunächst auf Kleider, Oberteile und Röcke, bevor du zu geschichteten Outfits übergehst.
- **Beobachten & Analysieren** - Studiere, wie Kleidung am Körper sitzt: wie ein Kleid die Figur umschmeichelt, wie eine Bluse an den Schultern fällt.
- **Silhouetten üben** - Arbeite mit verschiedenen Körperformen: Sanduhr, A-Linie, Empire, Bodycon.
- **Mit Farben experimentieren** - Probiere kontrastreiche Paletten, saisonale Töne oder sogar monochrome Designs.
- **Strebe nicht nach Perfektion** - Die ersten Skizzen sind dazu da, frei zu sein, nicht fehlerlos.

Jede erfolgreiche Designerin hat mit unvollkommenen Skizzen angefangen. Fortschritt kommt davon, dass man jeden Tag dranbleibt, nicht davon, auf das „perfekte" Design zu warten.

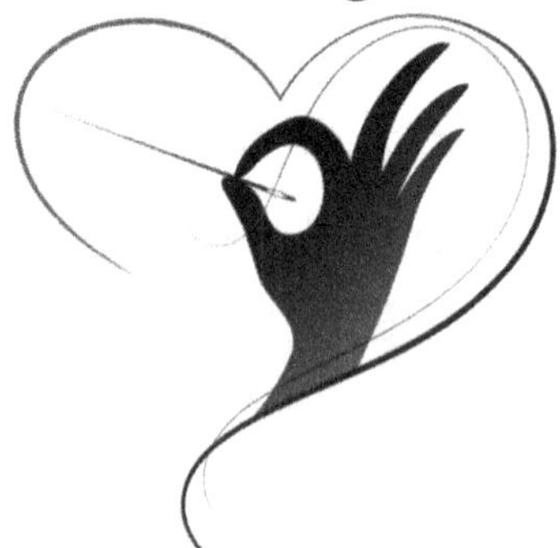

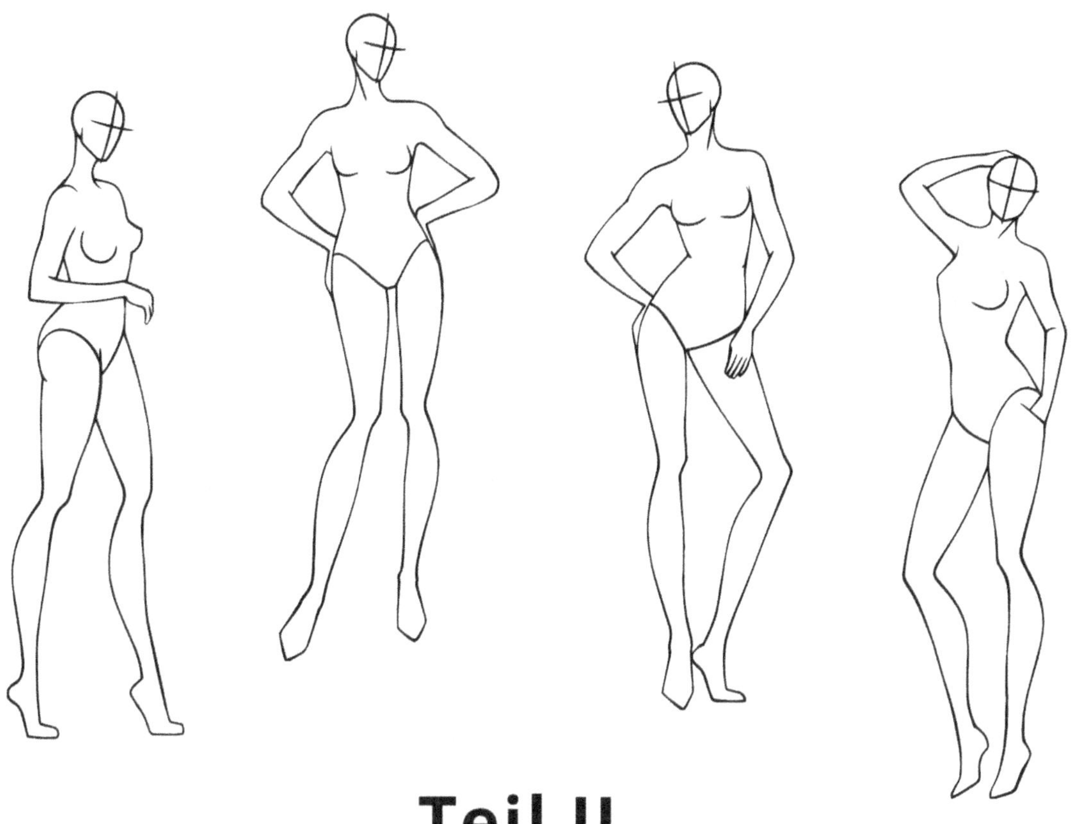

Teil II
- Ausbildung & Grundlagen

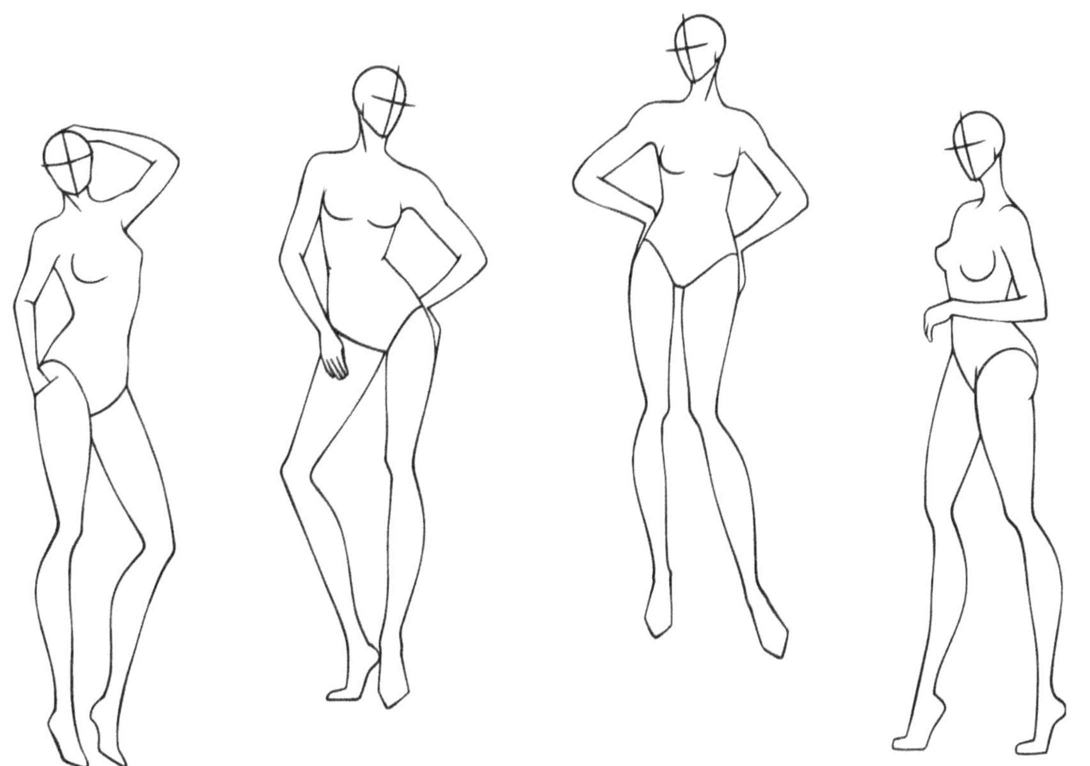

Eine kurze Geschichte der Damenmode
- Von klassischen Epochen zu modernen Stilen

Mode hat schon immer Kultur und Identität widergespiegelt. Besonders Damenmode hat sich mit den Werten der Gesellschaft, neuen Materialien und der Rolle der Frau im Laufe der Geschichte gewandelt.

- **Antike Zivilisationen** - Frauen trugen fließende Gewänder aus Leinen oder Wolle, oft um den Körper drapiert. Schmuck und Gürtel gaben Individualität. Kleidung war praktisch, aber dennoch elegant.
- **Mittelalter & Renaissance** - Kleider wurden geschichtet und strukturiert und zeigten Status und Wohlstand. Stoffe wie Samt und Brokat waren der Oberschicht vorbehalten, während detaillierte Stickereien Kleidung zur Kunst machten.
- **18. & 19. Jahrhundert** - Silhouetten variierten stark: von weiten Röcken der Rokokozeit bis zu eingeschnürten Taillen und Reifröcken der viktorianischen Epoche. Mode betonte oft Bescheidenheit und gesellschaftliches Ansehen.
- **20. Jahrhundert** - Der Wandel war rasant. In den frühen Jahrzehnten kamen schlichtere Kleider auf, während die Mitte des Jahrhunderts Weiblichkeit mit definierten Taillen und Röcken feierte. Später wurden Individualität, mutige Formen und moderne Stoffe betont.
- **Heute** - Damenmode zelebriert Vielfalt. Stile reichen von minimalistischen Alltagslooks bis zu avantgardistischen Experimenten. Komfort, Nachhaltigkeit und Inklusivität sind ebenso wichtig wie Eleganz.

Jede Modeepoche erzählt eine Geschichte. Jetzt bist du an der Reihe, durch deine Skizzen die nächste zu gestalten.

Weibliche Silhouetten im Wandel
- *Sanduhr, A-Linie, Empire, Bodycon*

Die Silhouette ist die Grundlage jedes Designs - sie definiert Form, Proportion und ersten Eindruck.

- **Sanduhr** - Ein schmaler Taillenbereich mit ausgewogenem Ober- und Unterkörper. Klassisch, feminin und vielseitig.
- **A-Linie** - Eng oben, nach unten hin weit werdend. Bequem und schmeichelhaft für viele Körpertypen.
- **Empire** - Hohe Taillenlinie direkt unter der Brust mit fließendem Rock. Erzeugt Eleganz und streckt die Figur optisch.
- **Bodycon** - Eng anliegende Designs, die natürliche Kurven betonen, oft aus Stretchmaterialien gefertigt.

Silhouetten sind mehr als Formen - sie tragen Emotionen. Sanduhr wirkt romantisch, A-Linie verspielt, Empire anmutig und Bodycon mutig.

Beim Zeichnen denke stets: *Welche Stimmung soll dieses Outfit vermitteln?*

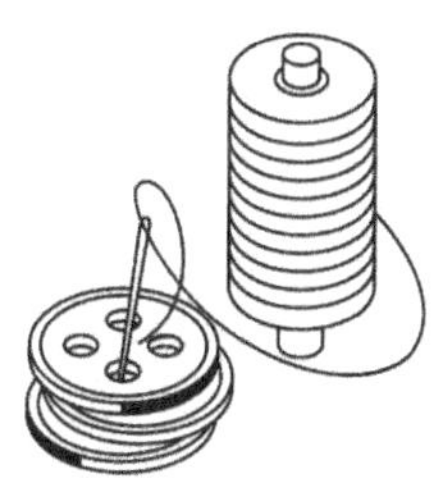

Farbtheorie in der Damenmode
- Kombination, Kontraste & saisonale Paletten

Farbe verwandelt Kleidung von einfachem Stoff in visuelles Erzählen.

- **Warme vs. kühle Töne** - Warme Farben (Rot, Orange, Gelb) suggerieren Energie und Leidenschaft. Kühle Töne (Blau, Grün, Violett) vermitteln Ruhe und Raffinesse.
- **Kontrast & Harmonie** - Gegenüberliegende Farben im Farbkreis erzeugen Dramatik und Spannung. Nebeneinander liegende Schattierungen wirken sanft und harmonisch.
- **Saisonale Paletten** - Designer denken oft in stimmungsvollen Farbpaletten je Jahreszeit:
    - *Frühling*: helle Pastelltöne, luftig und verspielt.
    - *Sommer*: kühle Töne, frisch und lebendig.
    - *Herbst*: erdige Schattierungen, gemütlich und reichhaltig.
    - *Winter*: tiefe Kontraste, elegant und kraftvoll.
- **Psychologie der Farben** - Helle Töne öffnen Raum und wirken frisch. Dunkle Farben schaffen Mystik und Autorität. Leuchtende Farben ziehen Aufmerksamkeit an, während gedeckte Töne Subtilität erzeugen.

Probiere dasselbe Design in drei unterschiedlichen Paletten - du wirst sehen, wie stark sich die Stimmung verändert.

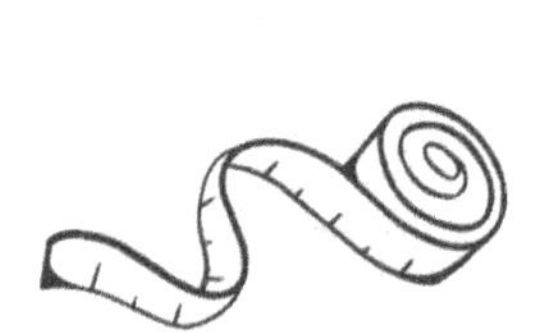

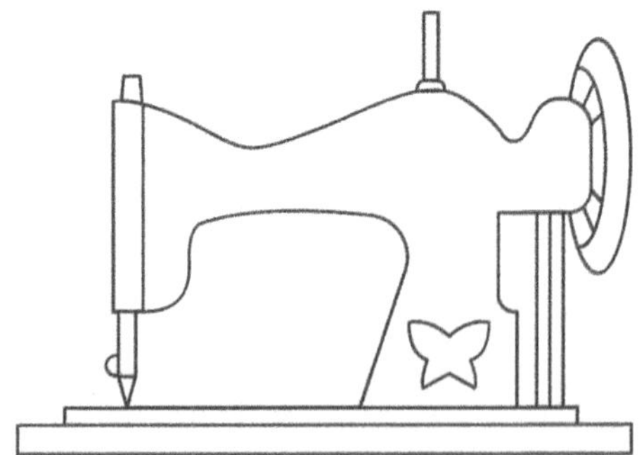

Stoffe & Texturen für Damenmode
- Spitze, Satin, Denim, Tweed

Der richtige Stoff kann ein Design aufwerten oder komplett verändern.

- **Spitze** - Leicht, zart, ideal zum Layern oder für romantische Looks.
- **Satin** - Glatt, glänzend, perfekt für Kleider und elegante Wear.
- **Denim** - Robust, lässig, vielseitig - von Streetwear bis High Fashion.
- **Tweed** - Strukturreich, texturiert, hervorragend für Mäntel und elegante Stile.

Stelle dir beim Entwerfen vor, wie der Stoff sich bewegt. Fällt er weich, hält er Form oder schimmert er im Licht? Die Textur ist genauso wichtig wie der Schnitt.

__Profi-Tipp__: Skizziere dasselbe Outfit in zwei unterschiedlichen Stoffen. Ein Tweed-Anzug wirkt formell, derselbe Schnitt in Denim wirkt entspannt.

Zeichenwerkzeuge für Modedesign

- Bleistifte, Marker, digitale Optionen

Werkzeuge sind deine Partner in der Kreativität.

- **Bleistifte** - Ideal für erste Umrisse, Schattierungen und Details.
- **Marker** - Perfekt, um Farbakzente schnell zu setzen und Paletten auszuprobieren.
- **Buntstifte** - Nützlich zum Schichten von Tönen, Mischen und sanften Übergängen.
- **Aquarellfarben** - Fügen Fluss und Textur für verträumte, künstlerische Skizzen hinzu.
- **Digitale Werkzeuge** - Tablets und Software bieten unbegrenzte Farben, Texturen und Rückgängig-Optionen.

Warte nicht auf teure Werkzeuge, um zu starten. Selbst ein einfacher Stift und Papier können starke Ideen zum Leben bringen.

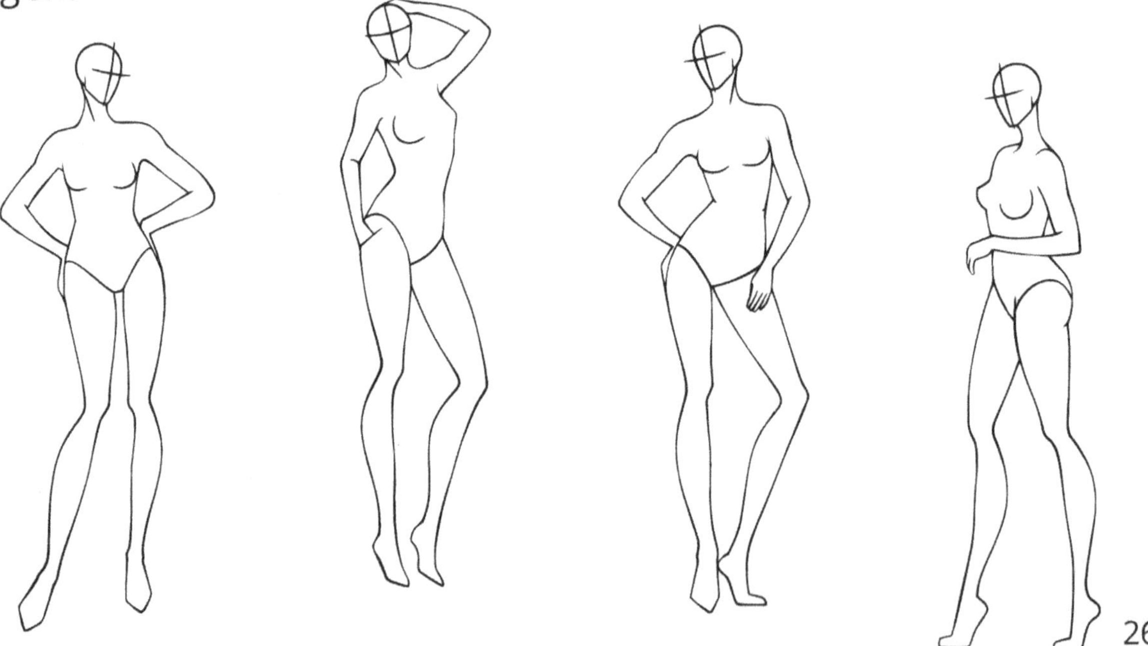

Schritt für Schritt:
Alltagslook (Kleid, Rock, Bluse)

Alltagsmode vereint Komfort und Stil. Probiere diesen Ablauf:

1. **Basis-Skizze** - Beginne mit einer einfachen weiblichen Silhouette.
2. **Kleidungsumriss** - Denke an leichte Stoffe wie Baumwolle oder Leinen.
3. **Details hinzufügen** - Knöpfe, Kragen oder einfache Accessoires.
4. **Farbpalette wählen** - Neutrale Töne mit einem Farbakzent funktionieren oft am besten.
5. **Textur finalisieren** - Schattiere, um Weiches oder Knackiges darzustellen.

Der Schlüssel ist Tragbarkeit. Ein Casual-Design sollte leicht und mühelos wirken und dennoch stilvoll sein.

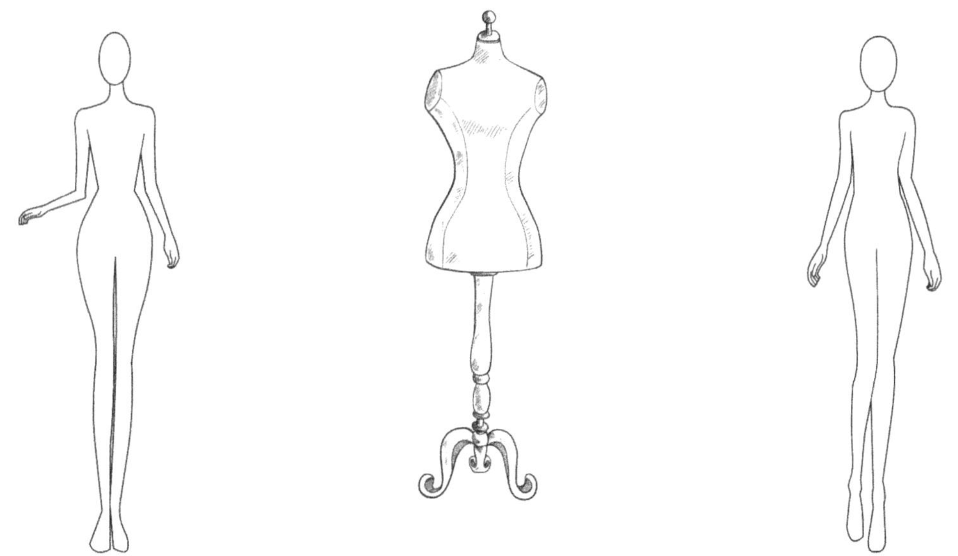

Schritt für Schritt:

Glamour-Look für den Abend (Cocktail- & Abendkleider)

Abendmode steht für Eleganz und Statement. Folge diesem Ablauf:

1. **Silhouette wählen** - A-Linie, Meerjungfrau oder figurbetonte Stile.
2. **Stoffe aussuchen** - Fließende oder glänzende Stoffe wie Satin, Samt oder Chiffon.
3. **Design-Details hinzufügen** - Off-Shoulder-Schnitte, offene Rücken, hohe Schlitze oder Verzierungen.
4. **Farben auswählen** - Tiefe Juweltöne, Metalltöne oder markante Kontraste.
5. **Accessoires finalisieren** - High Heels, Schmuck, Clutch.

Abendlooks sollten die Trägerin selbstbewusst, glamourös und unvergesslich fühlen lassen.

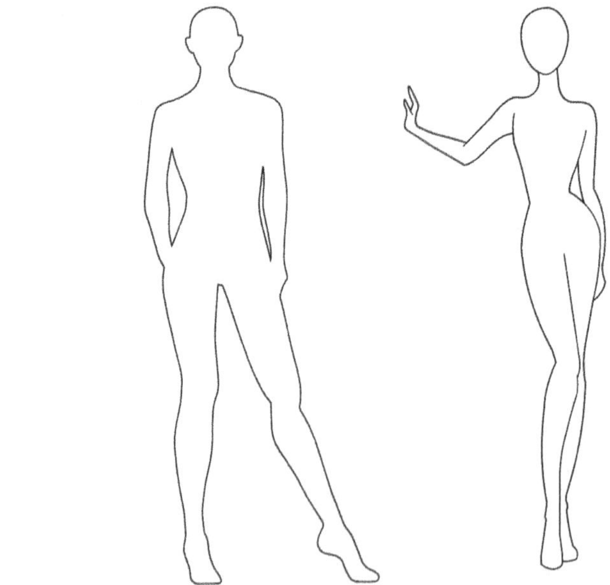

Häufige Designfehler
in der Damenmode

(und wie man sie vermeidet)

Auch erfahrene Designerinnen stehen vor Herausforderungen. Hier sind ein paar Stolpersteine:

- **Überladenes Design** - Zu viele Details können überwältigen. Vereinfache, wo möglich.
- **Bewegungsfehler des Stoffes** - Eine Skizze mag gut aussehen, aber wenn der Stoff das nicht unterstützt, scheitert das Outfit.
- **Farbüberschuss** - Zu viele kräftige Farben können vom Design ablenken. Bleibe bei einer ausgewogenen Palette.
- **Proportionsprobleme** - Ein zu langer Rock oder zu kurze Ärmel können den Look verzerren. Überprüfe stets die Balance.
- **Trends zu stark kopieren** - Inspiration ist gut, Originalität setzt dich ab.

Jeder Fehler ist eine Chance. Entscheidend ist, anzupassen, zu verfeinern und besser zu werden.

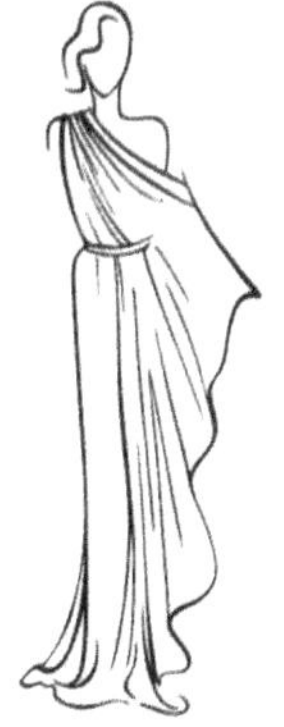
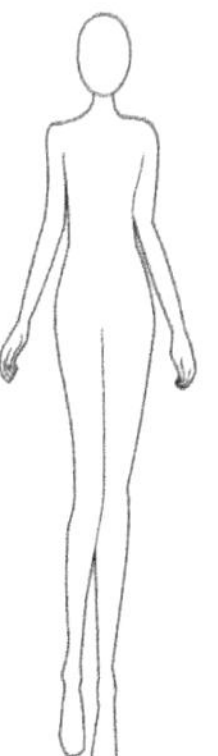

Tipps & Tricks für Modedesignerinnen

- Skizziere immer mehrere Varianten, bevor du dich für ein Design entscheidest.
- Denke in Schichten - Outfits werden vielseitiger, wenn sich die Teile kombinieren lassen.
- Neutrale Farbpaletten können kraftvoll sein - du brauchst nicht immer kräftige Farben.
- Skizziere mit Bewegung - stelle dir vor, wie der Stoff fällt und fließt.
- Notiere, was dich inspiriert hat. Ideen verblassen schnell, aber schriftliche Details bewahren sie.

Designen bedeutet nicht nur Kleidung zu entwerfen, sondern Geschichten zu erzählen.

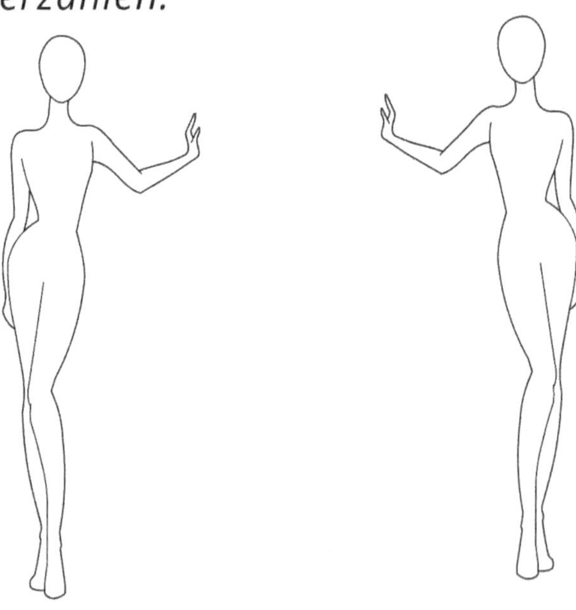

Schritt-für-Schritt-Anleitung

für dieses Skizzenbuch

Dieses Skizzenbuch ist dein Designstudio auf Papier. So nutzt du es am besten:

- **Üben** - Beginne mit den bereitgestellten Grundsilhouetten. Eile nicht - konzentriere dich auf Selbstvertrauen.
- **Experimentieren** - Teste verschiedene Stoffe, Farbpaletten und Formen. Verwende Buntstifte, Marker oder sogar Stoffproben.
- **Dokumentieren** - Nutze die Notizseiten, um Fortschritte zu verfolgen, Reflexionen zu schreiben und Inspiration zu sammeln.
- **Kollektionen erstellen** - Denke in Outfits, die ein gemeinsames Thema teilen.
- **Rückblicken** - Schau dir ältere Skizzen an, um zu sehen, wie sich dein Stil entwickelt hat.

Am Ende dieses Skizzenbuchs wirst du nicht nur Dutzende von Skizzen haben, sondern auch ein klares Gefühl für deine eigene Modeidentität.

Grundlagen der Modeskizze:
Schritt für Schritt

Modeskizzieren ist die Grundlage jeder Designreise. Auch wenn sich Techniken im Laufe der Zeit verändern, hilft ein strukturierter Prozess, ausgewogene und ausdrucksstarke Skizzen zu erstellen. Hier ist ein einfacher, schrittweiser Ansatz speziell für Damenmode:

Schritt 1: Grundsilhouette aufbauen
- Beginne mit den Körperproportionen der weiblichen Figur.
- Skizziere Leitlinien für Schultern, Taille, Hüften und Beine.
- Denke daran: Die weibliche Silhouette betont oft Kurven - halte deine Linien fließend.

Schritt 2: Hauptformen der Kleidung umreißen
- Füge einfache geometrische Formen hinzu, um die Kleidungsstücke darzustellen: Kleider, Röcke, Blusen oder Hosen.
- Kreise für fließende Röcke, Rechtecke für strukturierte Jacken, Ovale für weiche Oberteile.

Schritt 3: Kleidungsdetails hinzufügen
- Zeichne Kragen, Ärmel, Knöpfe, Gürtel oder Säume ein.
- Nutze klare Linien, um Proportionen korrekt zu halten.

Schritt 4: Stoffe & Texturen darstellen
- Zeige Stoffarten durch Strichführung:
    - o Leichte, fließende Stoffe (Seide, Chiffon) → lange, geschwungene Linien.
    - o Schwere Stoffe (Denim, Wolle) → kurze, feste Linien.
    - o Spitze oder feine Texturen → kleine, detaillierte Muster.

Schritt 5: Farbe & Schattierung hinzufügen
- Füge eine Farbpalette hinzu - neutral, pastell oder kontrastreich.
- Nutze Schattierungen, um Volumen, Falten und Tiefe zu zeigen.

Schritt 6: Verfeinern & Fertigstellen
- Geh über die wichtigsten Linien, um die Silhouette zu betonen.
- Lass Platz für Notizen zu Stoffideen, Farben oder Anlässen.

Modeskizzieren bedeutet nicht Perfektion, sondern Ausdruck. Diese Schritte geben Struktur - deine Kreativität erweckt das Design zum Leben.

Mini-Übung:

Skizziere dasselbe Outfit zweimal - einmal lässig (Baumwollbluse und Jeansrock) und einmal elegant (Seidenbluse und Bleistiftrock). Beobachte, wie Stoffe und Details das Gesamtbild verändern.

SCHNELLER & EINFACHER ALLTAGSLOOK

Setze die Theorie in die Praxis um - mit einem schlichten, bequemen Tagesoutfit. Alltagsmode steht für Komfort, Mühelosigkeit und Persönlichkeit.

5 Schritte für ein Casual-Day-Outfit:

1. Zeichne eine entspannte weibliche Silhouette.
2. Füge eine leichte Bluse oder ein enges T-Shirt hinzu.
3. Vervollständige den Look mit Jeans, Rock oder Leggings.
4. Füge praktische Schuhe hinzu - Sneakers, Ballerinas oder Sandalen.
5. Ergänze kleine Accessoires wie eine Tragetasche oder ein Armband.

Styling-Hinweise:

- Alltagsmode nutzt oft neutrale Töne mit ein bis zwei Akzentfarben.
- Komfort steht im Mittelpunkt - Baumwolle oder Jersey sind ideal.
- Layering (leichte Jacke, Schal, Strickjacke) kann einen Look sofort aufwerten.

Warum üben?

Casual-Looks wirken einfach, lehren aber Gleichgewicht und Proportion. Sie sind ideal, um Bewegung zu üben, da Alltagskleidung selten starr ist.

Reflexionsfragen:

- Welche Farben repräsentieren am besten deinen persönlichen Alltagsstil?
- Wie verändert sich der Look, wenn du Sneakers gegen Absätze oder Stiefel tauschst?

Nutze diese Seite, um deinen eigenen schnellen Outfit-Entwurf zu skizzieren. Konzentriere dich nicht auf Perfektion - lass deine Hand frei fließen und genieße den Prozess.

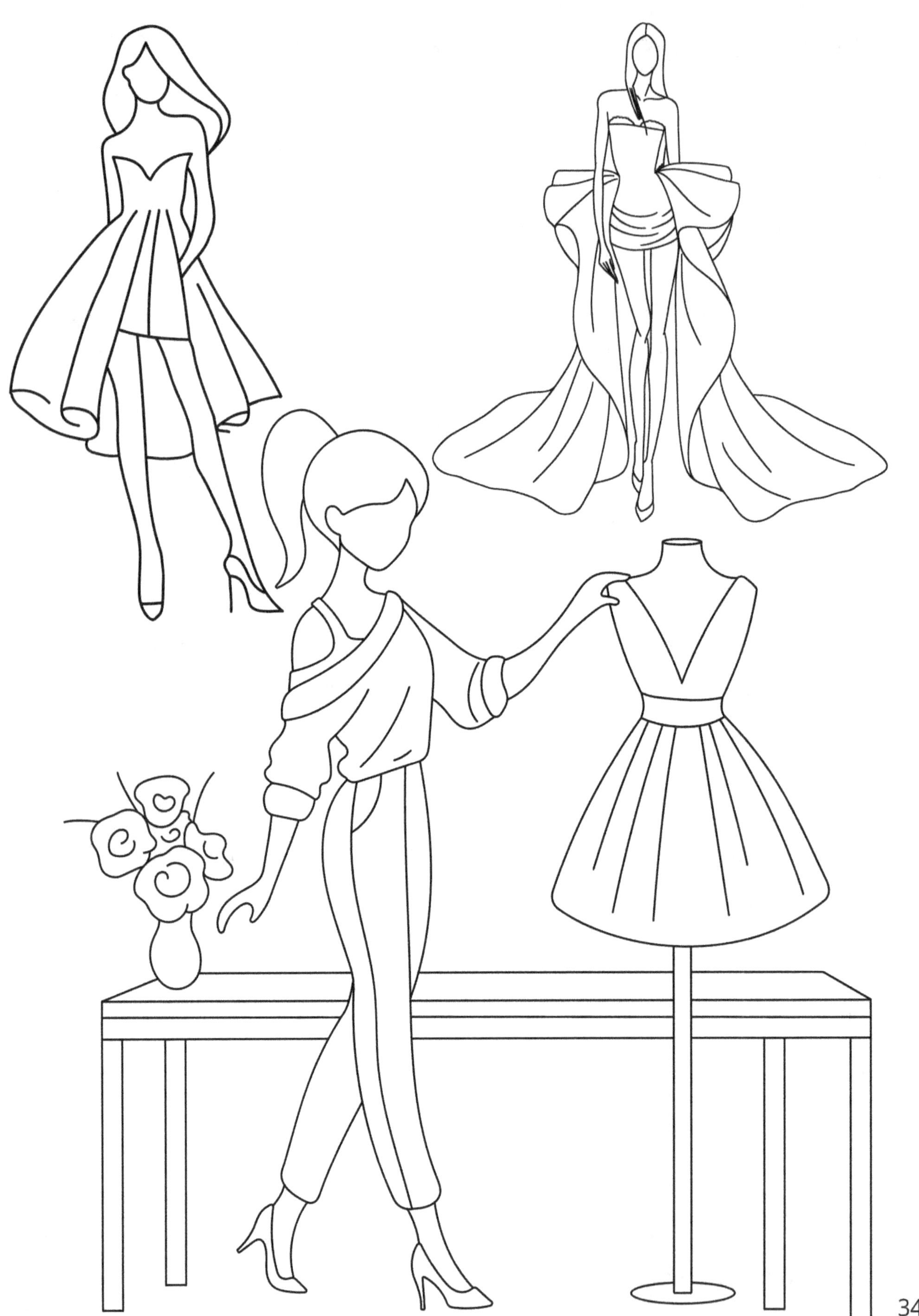

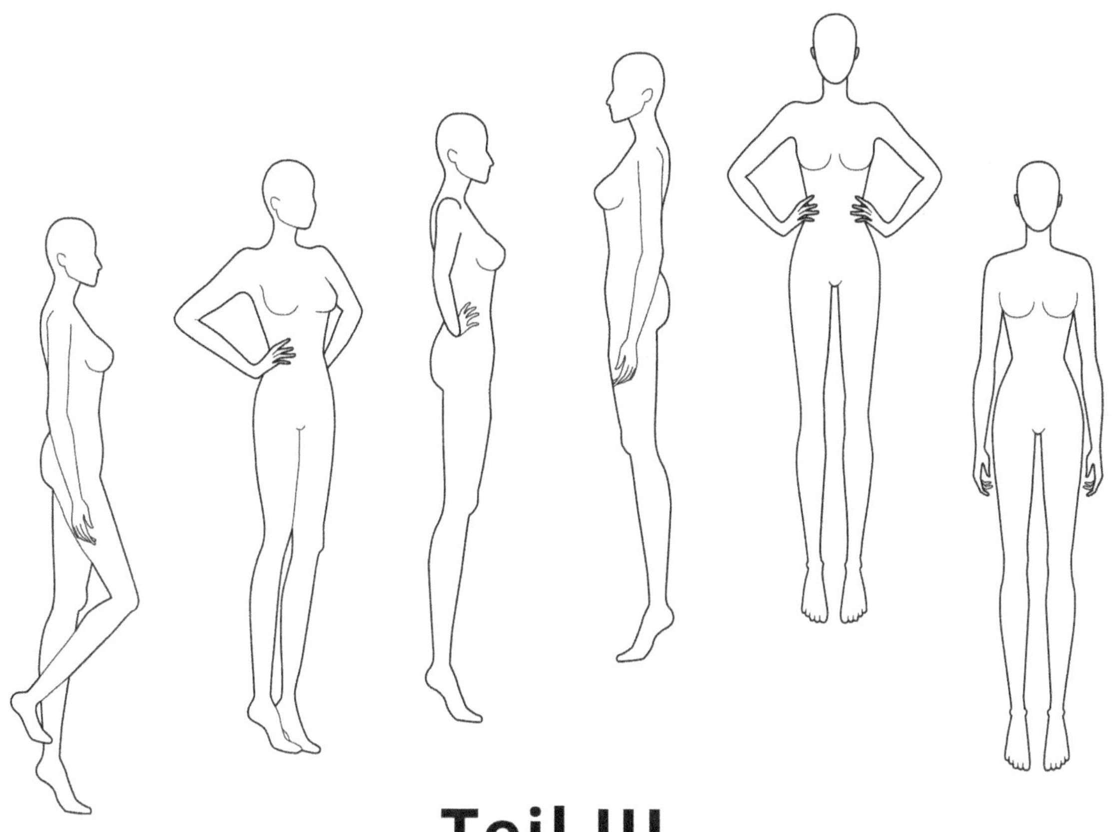

Teil III
- Skizzenbuch & Praxis

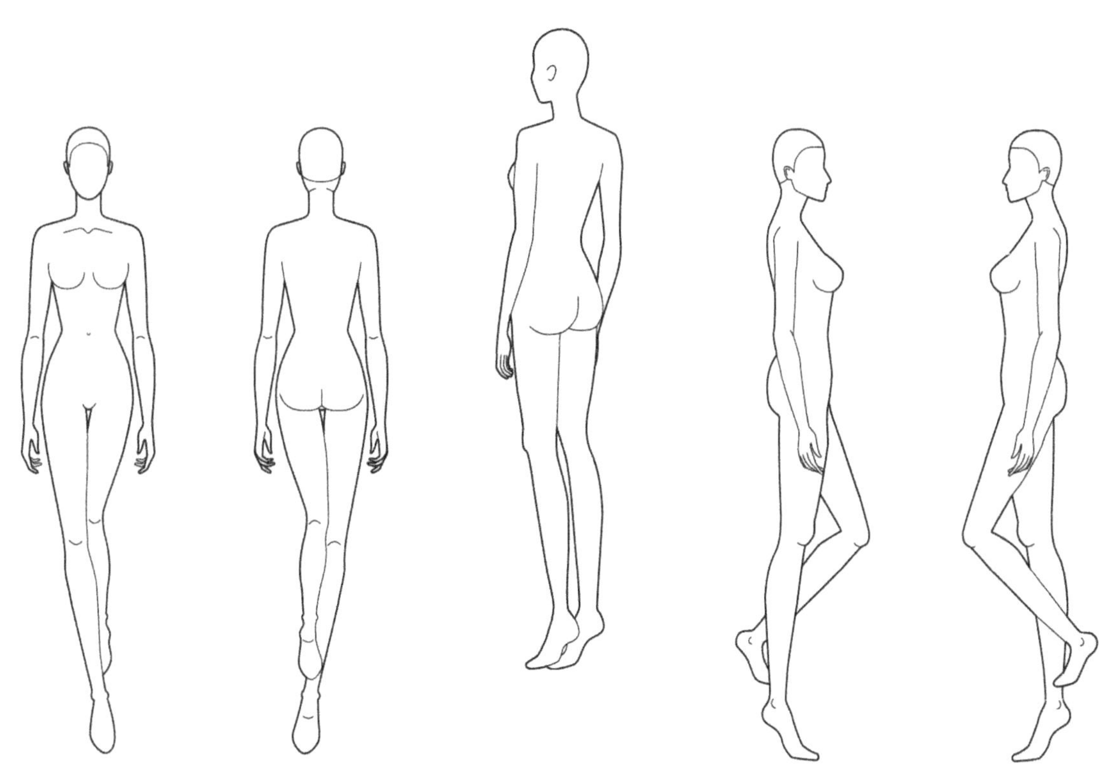

Modepraxis-Leitfaden & Notizen

Modedesign bedeutet Entdecken, nicht Perfektion. Nutze diese Seite, um mutig zu sein - auch wenn es außerhalb deiner Komfortzone liegt. Fehler gehören zum Wachstum; jede Skizze lehrt dich etwas Neues.

So verwendest du diese Seite:
- Experimentiere mit Proportionen, die du sonst selten zeichnest.
- Füge Schichten hinzu, um zu sehen, wie Stoffe miteinander wirken.
- Notiere Bewegung oder den Fluss des Outfits.

Reflexion & Notizen:
- Welche neue Technik habe ich heute ausprobiert?
- War das Design ausgewogen?
- Welches Detail kann ich in der nächsten Skizze verbessern?

Profi-Tipp: Mutige Experimente führen oft zu deinen originellsten Ideen.

Outfit-Inspiration: Streetwear

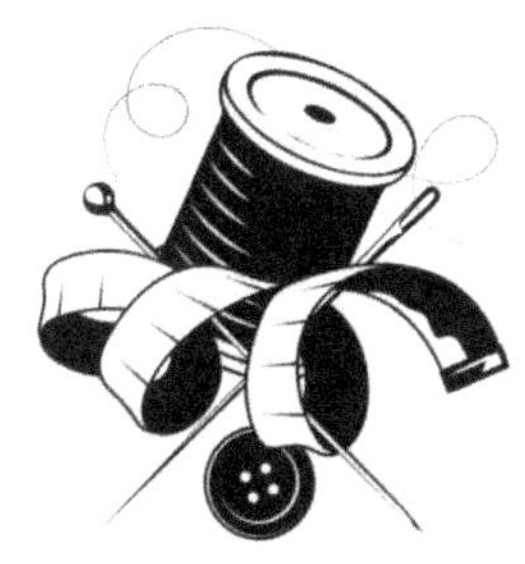

Die Kraft des Layerings

Streetwear lebt von Schichten - sie bringen Kreativität, Vielseitigkeit und endlose Kombinationsmöglichkeiten. Beginne mit einer einfachen Basis wie einem engen Tanktop und Leggings. Baue darauf auf mit Oversized-Hemden, Bomberjacken oder Jeanswesten. Trage einen Hoodie unter einem Trenchcoat oder binde ein kariertes Hemd um die Taille. Jede Schicht verändert die Silhouette und schafft Tiefe.

Experimentiere mit Kontrasten: weiche Stoffe unter strukturierten Jacken oder kräftige Prints über neutralen Basics. Layering ist auch praktisch - es macht ein Outfit wetter- und stimmungsflexibel.

Probiere dies:

Skizziere ein Outfit mit Crop-Top und Cargohose. Füge dann einen Zip-Hoodie, eine Oversized-Jacke und Sneakers hinzu. Beobachte, wie jede Schicht die Stimmung verändert.

Trends

Inspiration

Textilien

Notizen

Details

Stoffproben

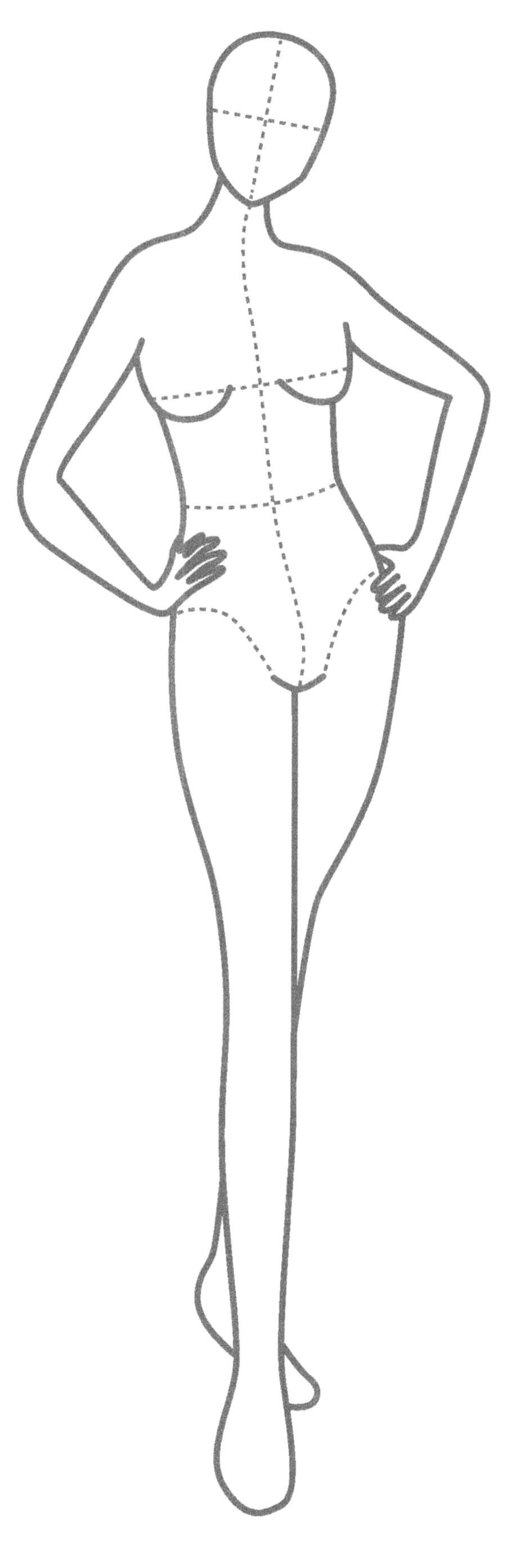
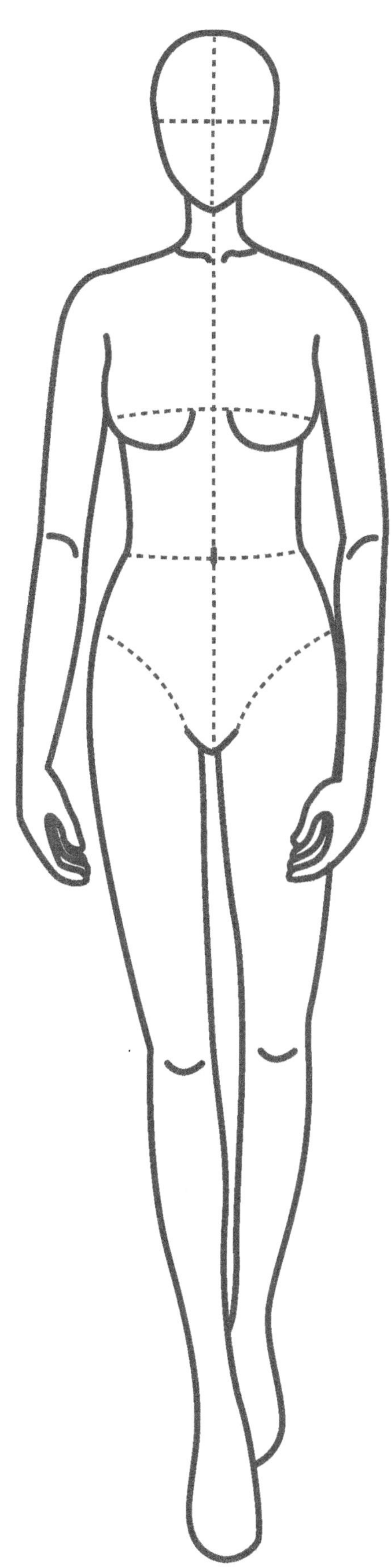

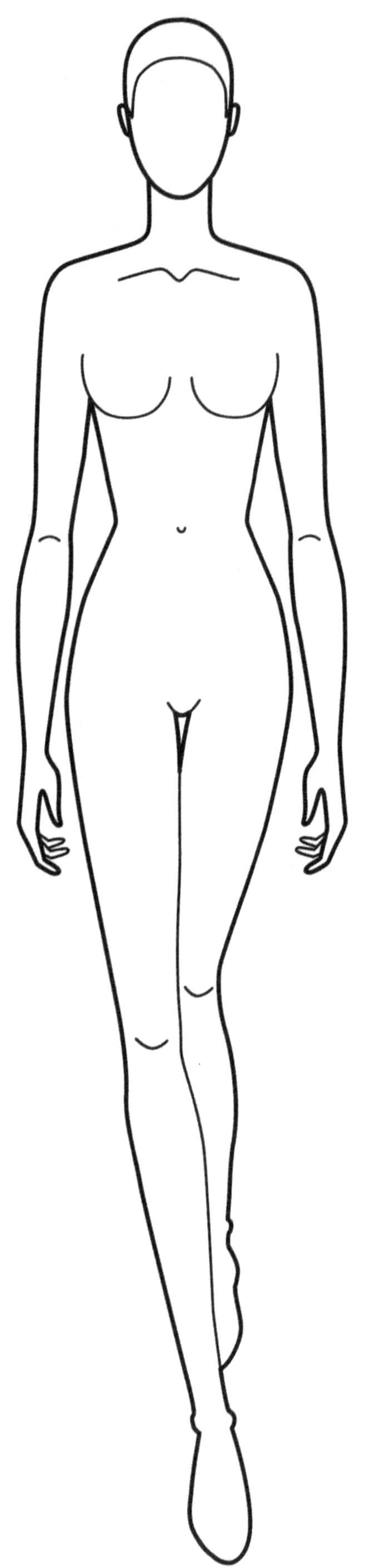
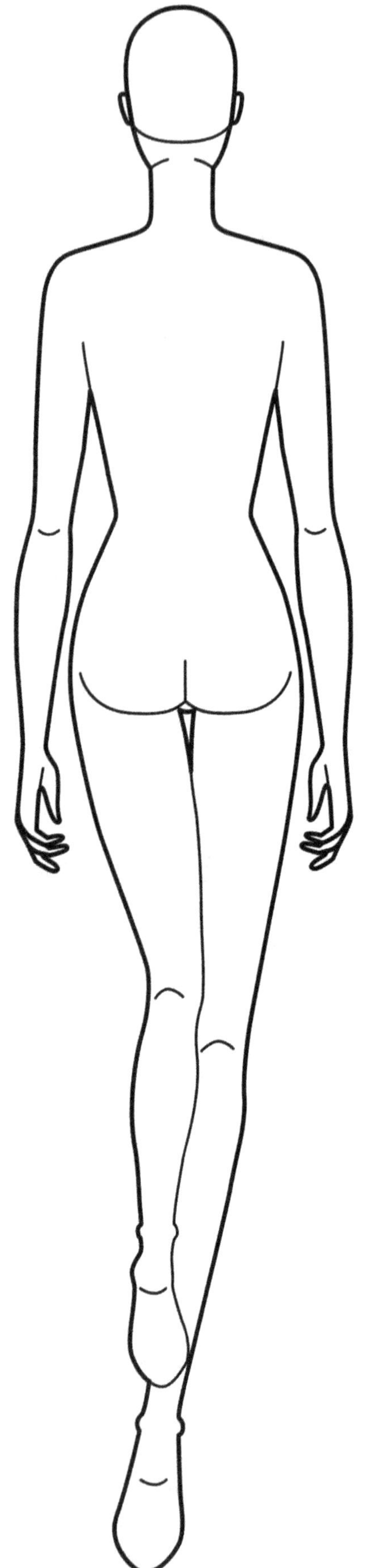

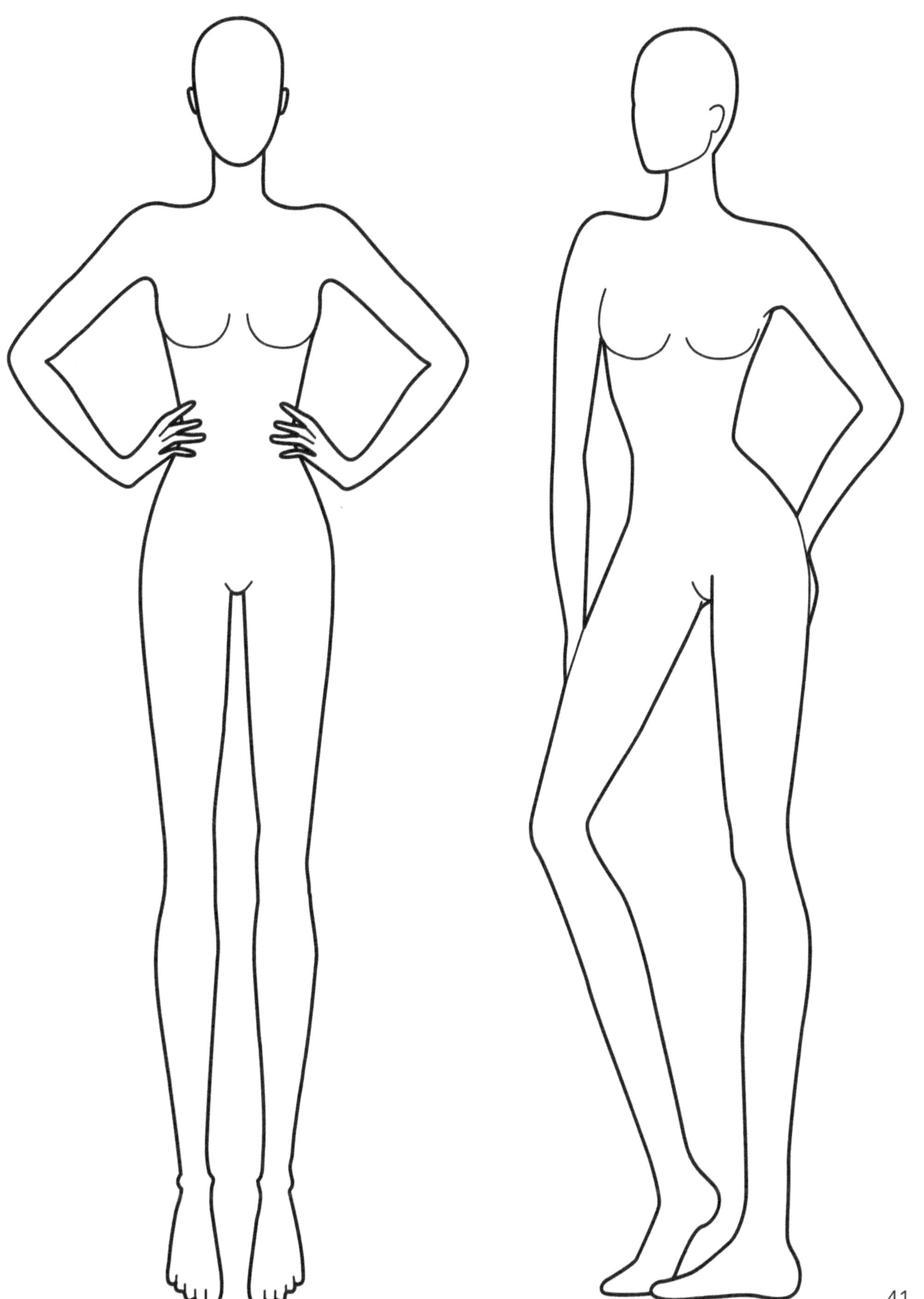

Deine Notizen & Inspirationsfotos

Diese Seite ist deine kreative Galerie. Verwende sie, um Fortschritte festzuhalten, Lieblingsdesigns zu speichern und über deine Entwicklung nachzudenken.

- Füge Skizzen, Inspirationsfotos oder Ausschnitte hinzu, um deine Modeideen zum Leben zu erwecken.
- Notiere Farben, Stoffe oder Outfit-Details, die dich inspiriert haben.
- Lass Platz für dein zukünftiges Ich, um zu sehen, wie sich dein Stil verändert.

Profi-Tipp: Ein einziges Bild oder Stoffmuster kann eine ganze Kollektion inspirieren. Scheue dich nicht, selbst kleinste Details festzuhalten, die dich begeistern!

Outfit-Inspiration: Office Chic & Runway Glam

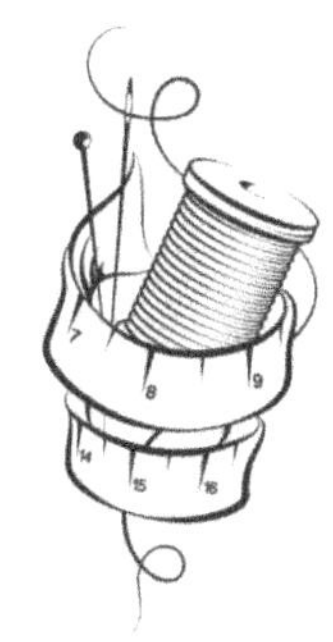

Klassische Office-Eleganz und Red-Carpet-Glam

Klassische Office-Eleganz

Ein Bleistiftrock kombiniert mit einer eleganten Bluse kommt nie aus der Mode. Ergänze ihn mit einem taillierten Blazer und mittelhohen Pumps für eine selbstbewusste Silhouette. Halte Accessoires minimal - eine schmale Ledertasche und eine feine Uhr schaffen Balance. Neutrale Farben wie Marine, Schwarz oder Creme sorgen für Vielseitigkeit, während ein Hauch roter Lippenfarbe den Look sofort aufwertet.

Runway Glam

Für einen dramatischen Red-Carpet-Auftritt: bodenlange Kleider mit fließenden Stoffen. Seidensatin und funkelnde Pailletten erzeugen Wirkung unter hellem Licht. Wage tiefe Ausschnitte, offene Rücken oder hohe Schlitze. Statement-Ohrringe oder eine auffällige Clutch runden den glamourösen Stil ab - Bühneneffekt mit Eleganz in Balance.

Modepraxis-Leitfaden & Notizen

Großartiges Design entsteht oft aus spontanen Experimenten. Denke nicht zu viel - lass deine Hand frei und halte die erste Idee fest, die dir in den Sinn kommt. Spontaneität enthüllt oft verborgene Kreativität.

So verwendest du diese Seite:

- Mache eine 5-Minuten-Skizze zum Aufwärmen.
- Fokussiere auf ein Element: Ärmel, Hosen oder Ausschnitt.
- Notiere Stoffe, Texturen oder Farbentscheidungen.

Reflexion & Notizen:

- Konnte ich schneller skizzieren als sonst?
- Welches Detail ist am besten gelungen?
- Was könnte ich beim nächsten Mal vereinfachen?

Profi-Tipp: *Speed-Skizzieren stärkt Selbstvertrauen und schärft dein Designgefühl.*

Outfit-Inspiration: Streetwear

Athleisure-Vibes Vom Fitnessstudio auf die Straße

Athleisure verbindet Komfort mit Coolness. Denke an Yogaleggings kombiniert mit Oversized-Hoodies, Cropped-Sweatshirts oder Bomberjacken. Der Schlüssel ist Balance - unten eng, oben locker oder umgekehrt.

Accessoires verleihen dem Look Charakter: Baseballkappen, klobige Sneakers, Crossbody-Bauchtaschen. Schmuck bleibt minimal, um den sportlichen Stil zu bewahren.

Fokus auf Stoffe: atmungsaktive Baumwolle, Spandex, Neopren. Füge ein glänzendes oder metallisches Teil hinzu, um den sportlichen Look aufzuwerten.

Profi-Tipp: Athleisure steht für Selbstbewusstsein. Zeichne ein Outfit, das sowohl fürs Training als auch für das Café geeignet ist.

Trends

Inspiration

Textilien

Notizen

Details

Stoffproben

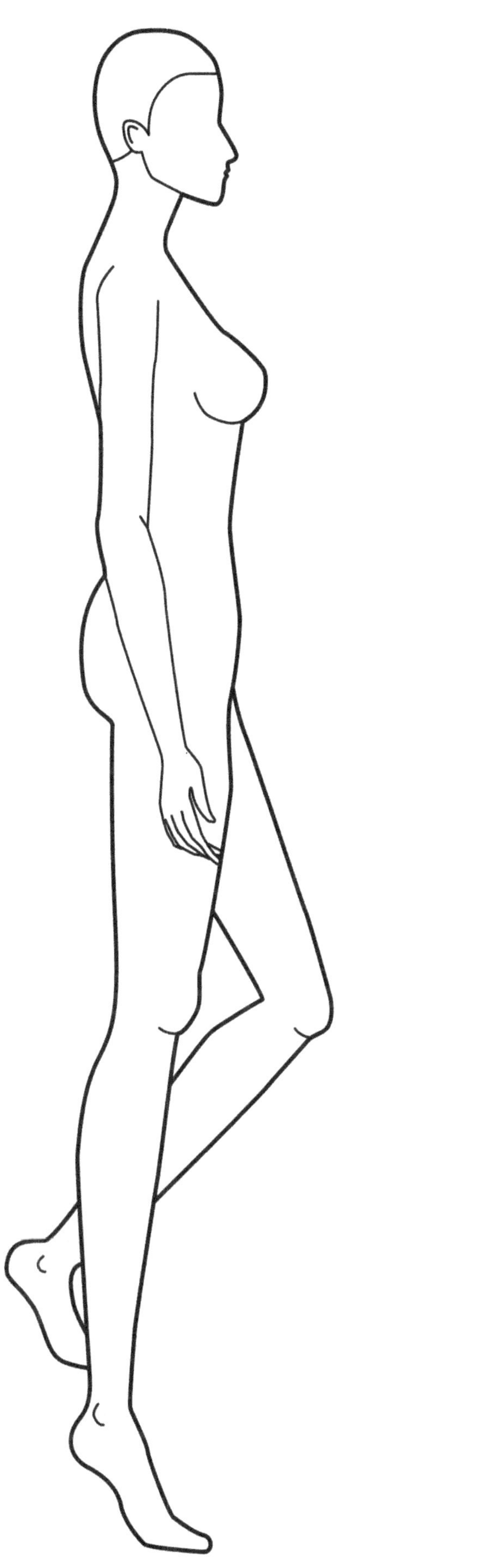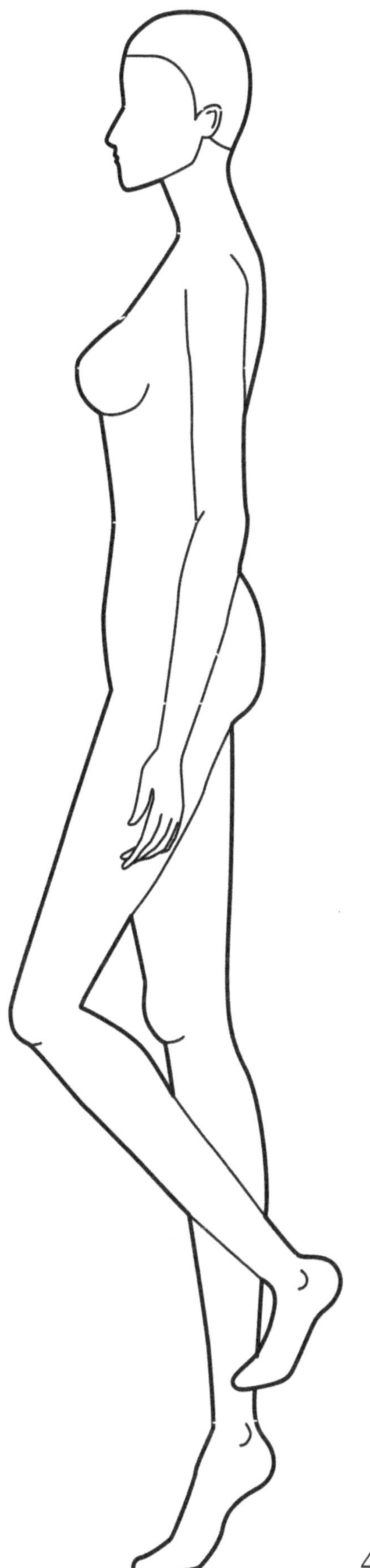

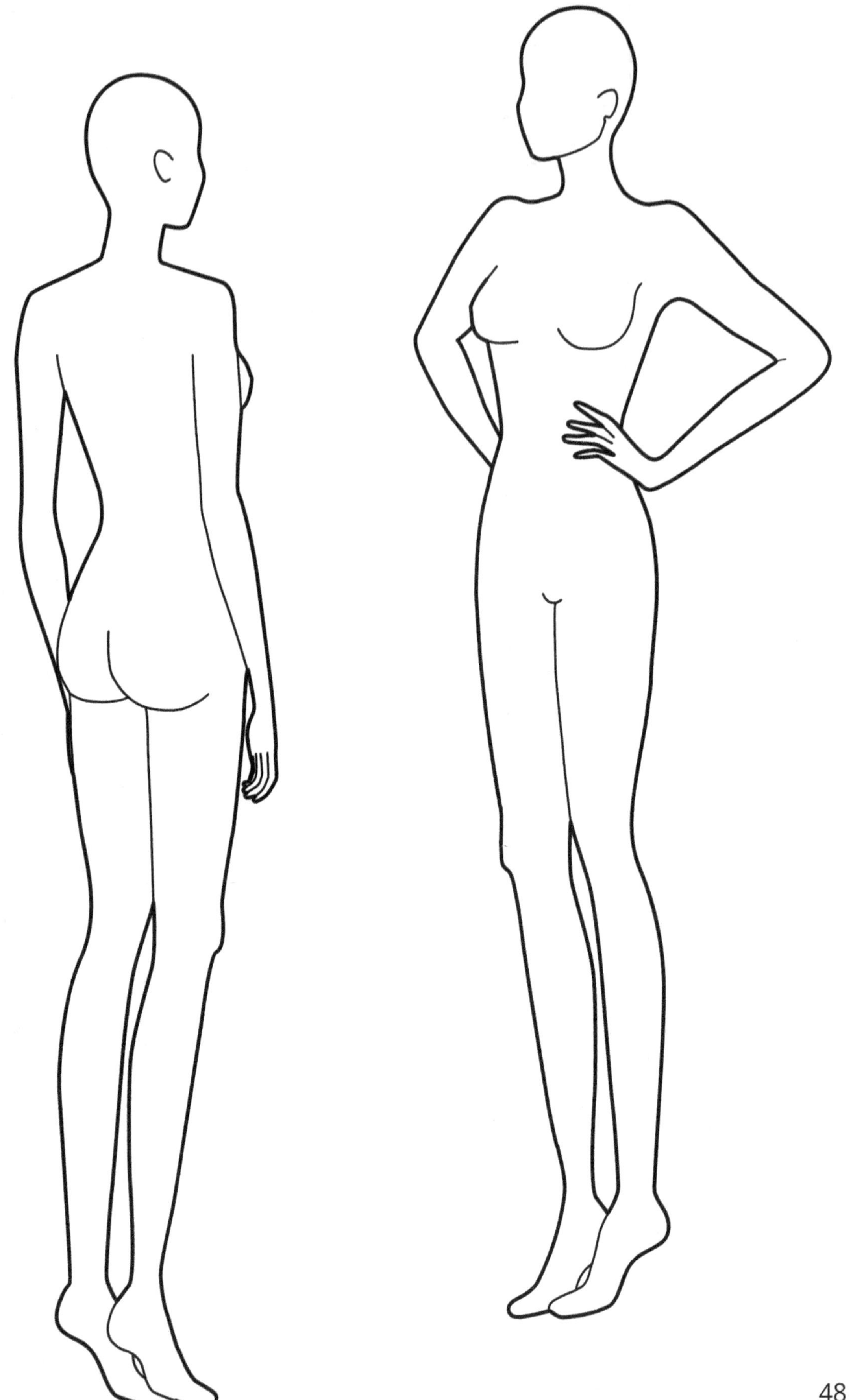

Deine Notizen & Inspirationsfotos

Diese Seite ist deine kreative Galerie. Verwende sie, um Fortschritte festzuhalten, Lieblingsdesigns zu speichern und über deine Entwicklung nachzudenken.

- Füge Skizzen, Inspirationsfotos oder Ausschnitte hinzu, um deine Modeideen zum Leben zu erwecken.
- Notiere Farben, Stoffe oder Outfit-Details, die dich inspiriert haben.
- Lass Platz für dein zukünftiges Ich, um zu sehen, wie sich dein Stil verändert.

Profi-Tipp: *Ein einziges Bild oder Stoffmuster kann eine ganze Kollektion inspirieren. Scheue dich nicht, selbst kleinste Details festzuhalten, die dich begeistern!*

Outfit-Inspiration:
Office Chic & Runway Glam

Minimalistische Professionalität & Futuristischer Laufstegstil

Office-Chic-Inspiration

Minimalismus entfaltet seine Wirkung besonders in der Büroumgebung. Kombiniere gerade geschnittene Hosen mit einem monochromen Oberteil und einem langen Blazer. Wähle fließende Stoffe mit elegantem Fall und halte die Farbpalette in Schwarz, Weiß oder Beige für einen modernen Look. Auch die Schuhe sollten schlicht sein - Loafer oder spitze Flats sind sowohl stilvoll als auch praktisch. Die Stärke dieses Stils liegt in klaren Linien und stiller Selbstsicherheit.

Runway-Glam-Inspiration

Futuristische Mode lebt von mutigen Experimenten. Denke an metallische Stoffe, asymmetrische Schnitte und betonte Schultern. Geometrische Formen in Silber oder irisierenden Tönen setzen Grenzen neu, bleiben aber tragbar. Kombiniere diese dramatischen Silhouetten mit minimalistischen Accessoires, damit die Struktur für sich spricht. Futuristischer Glamour bedeutet Selbstvertrauen und Vision - perfekt für den großen Auftritt.

Modepraxis-Leitfaden & Notizen

Kleidung erzählt eine Geschichte. Diese Seite ist deine Bühne, um ein Outfit zu entwerfen, das von einem Thema, einer Emotion oder einem Ort inspiriert ist. Je persönlicher die Inspiration, desto stärker das Design.

So verwendest du diese Seite:

- Wähle ein Konzept (Reise, Nachtleben, Minimalismus).
- Übersetze es in Formen, Linien und Accessoires.
- Füge Details hinzu, die das Outfit mit der Geschichte verbinden.

Reflexion & Notizen:

- Spiegelt meine Skizze das gewählte Thema wider?
- Welches Element vermittelt die Geschichte am besten?
- Wie könnte ich das Konzept weiterentwickeln?

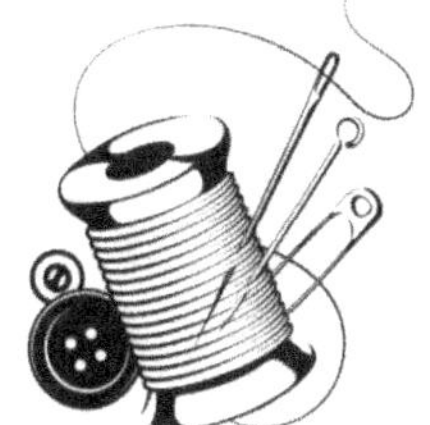

Profi-Tipp: *Ein starkes Design trägt immer eine Bedeutung, die über den Stoff hinausgeht.*

Outfit-Inspiration: Streetwear

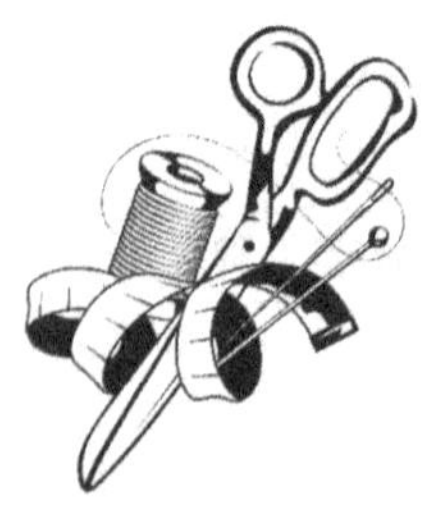

Denim-Kultur - das Herz des urbanen Stils

Denim ist das Rückgrat der Streetwear. Hochgeschnittene Jeans, kurze Jacken, Patchwork-Röcke oder ausgefranste Shorts - sie alle verkörpern den urbanen Charakter. Weit geschnittene Jeans rufen Retro-Gefühle hervor, während zerrissene Skinny-Jeans Rebellion ausstrahlen.

Double Denim ist wieder im Trend. Skizziere ein dunkles Jeansunterteil mit einer helleren, oversized Jacke, um Kontrast zu schaffen. Ergänze den Look mit Sneakers oder Boots für das typische Street-Feeling.

Individualität zählt: Stickereien, graffiti-inspirierte Prints oder absichtlich ausgefranste Kanten machen jedes Denim-Design einzigartig.

Übung: Stelle dir einen Denim-Overall mit Sneakers und auffälliger Sonnenbrille vor - funktional, stylisch und straßenbereit.

Trends

Inspiration

Textilien

Notizen

Details

Stoffproben

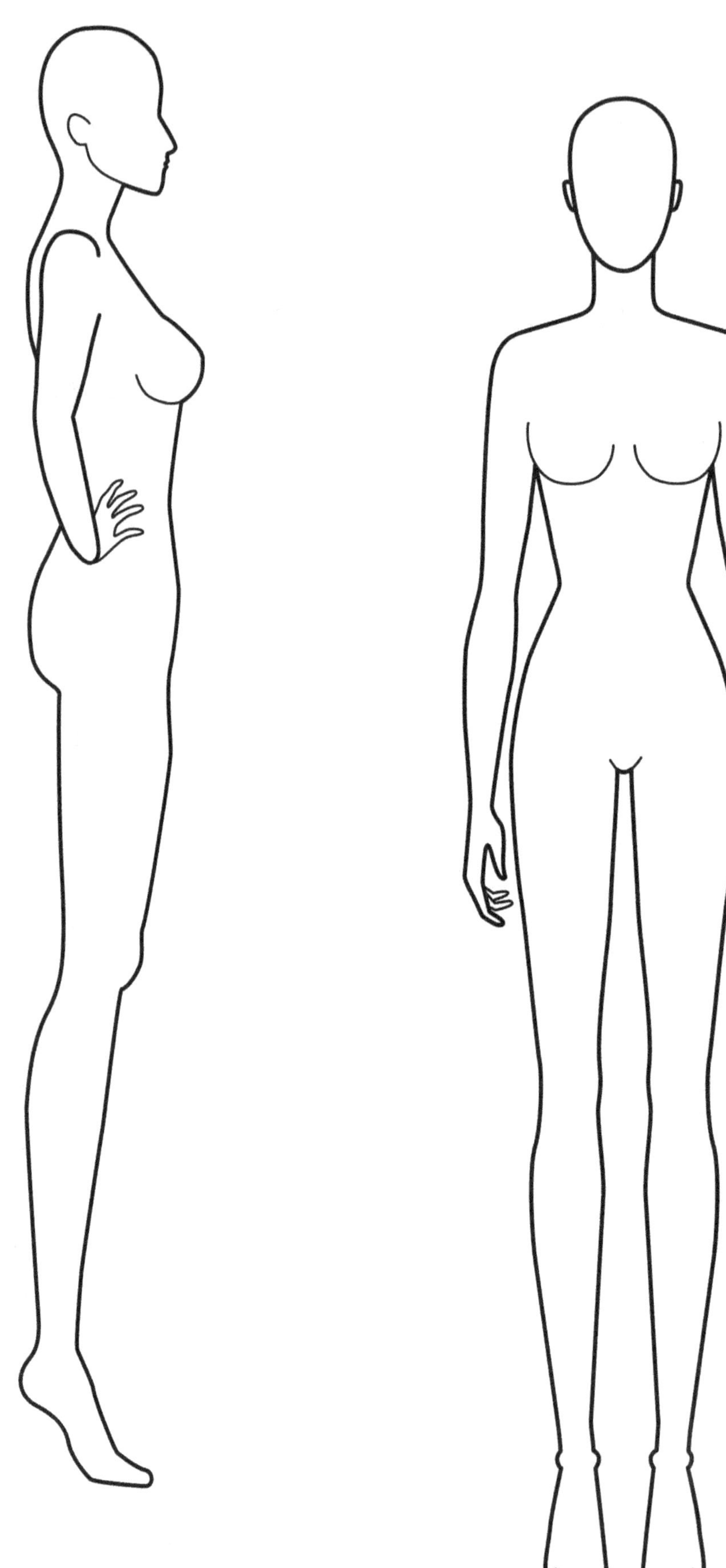

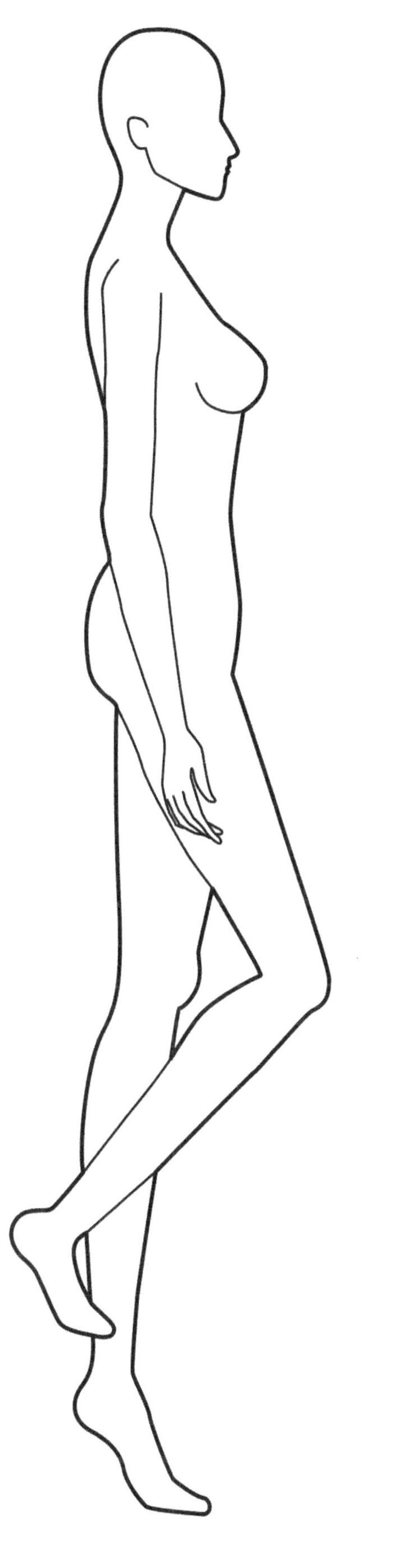

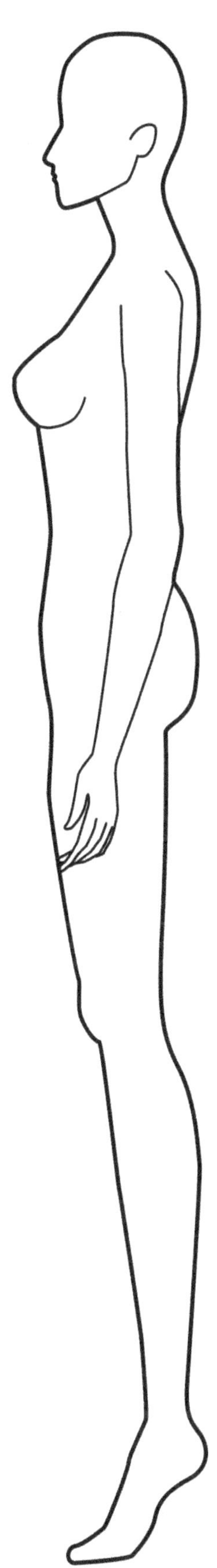

Deine Notizen & Inspirationsfotos

Diese Seite ist deine kreative Galerie. Verwende sie, um Fortschritte festzuhalten, Lieblingsdesigns zu speichern und über deine Entwicklung nachzudenken.

- Füge Skizzen, Inspirationsfotos oder Ausschnitte hinzu, um deine Modeideen zum Leben zu erwecken.
- Notiere Farben, Stoffe oder Outfit-Details, die dich inspiriert haben.
- Lass Platz für dein zukünftiges Ich, um zu sehen, wie sich dein Stil verändert.

Profi-Tipp: *Ein einziges Bild oder Stoffmuster kann eine ganze Kollektion inspirieren. Scheue dich nicht, selbst kleinste Details festzuhalten, die dich begeistern!*

Outfit-Inspiration:
Office Chic & Runway Glam

Kreative Professionalität & Festival-Glamour

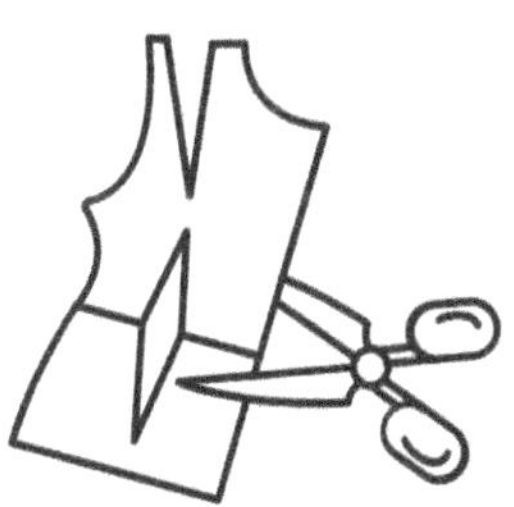

Office-Chic-Inspiration

Für Frauen in kreativen Branchen darf das Büro-Outfit sowohl gepflegt als auch ausdrucksstark sein. Weit geschnittene Hosen in kräftigen Farben, kombiniert mit gemusterten Blusen oder auffälligem Schmuck, schaffen das perfekte Gleichgewicht. Eine leichte Trenchcoat-Schicht oder ein Oversized-Cardigan verleihen Tiefe. Ziel ist es, Professionalität zu zeigen, ohne Kreativität zu verbergen.

Runway-Glam-Inspiration

Festival-Glamour bringt Farbe und Energie. Denke an fließende Maxikleider, Fransen-Details und farbenfrohe Stickereien. Schimmernde Stoffe wie Lamé oder metallisches Mesh fangen das Licht in Bewegung wunderschön ein. Ergänze den Look mit auffälligen Accessoires - großen Ohrringen, breiten Armbändern oder verzierten Gürteln - für den vollen Festival-Spirit.

Modepraxis-Leitfaden & Notizen

Betrachte diese Seite als dein Mode-Labor. Teste Ideen, kombiniere Elemente, die normalerweise nicht zusammenpassen, und beobachte, was passiert. Innovation entsteht oft, wenn Regeln gebrochen werden.

So verwendest du diese Seite:
- Mische zwei gegensätzliche Stile (casual vs. elegant, minimalistisch vs. oversized).
- Füge Accessoires hinzu, die die Stimmung des Outfits verändern.
- Notiere, was funktioniert hat - und was nicht.

Reflexion & Notizen:
- Habe ich heute eine neue Kombination entdeckt?
- Was hat mich an diesem Design am meisten überrascht?
- Wäre dieses Outfit im echten Leben tragbar?

Profi-Tipp: *Ungewöhnliche Kombinationen führen oft zu unvergesslichen Looks.*

Outfit-Inspiration: Streetwear

Oversized Energy - Spiel mit Volumen

Übergroße Teile verleihen der Streetwear ihre markante Identität. Stelle dir einen extragroßen Hoodie vor, der bis zu den Oberschenkeln reicht, oder Cargohosen mit extrem weitem Bein.

Balance ist entscheidend. Kombiniere weite Oberteile mit schmalen Hosen - oder umgekehrt. Crop-Tops harmonieren perfekt mit weiten Jeans oder Jogginghosen.

Farbtrend: Neutrale Töne dominieren, doch ein kräftiger Neon- oder Pastellakzent wird zum Blickfang.

Profi-Tipp: *Übertreibe das Volumen leicht in deiner Skizze - längere Ärmel, größere Kapuzen, weitere Hosen - so fängst du den Oversized-Look authentisch ein.*

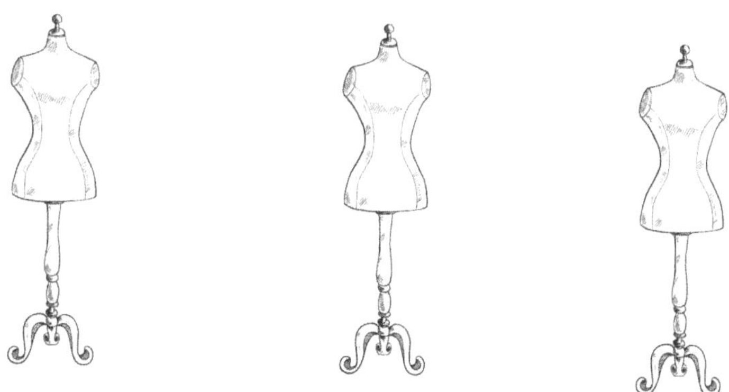

Trends

Inspiration

Textilien

Notizen

Details

Stoffproben

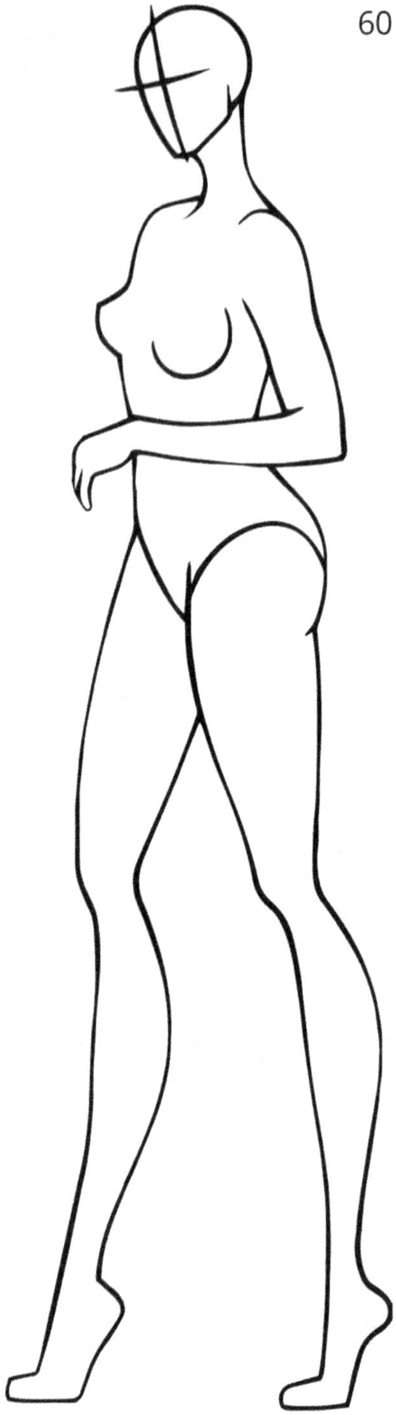

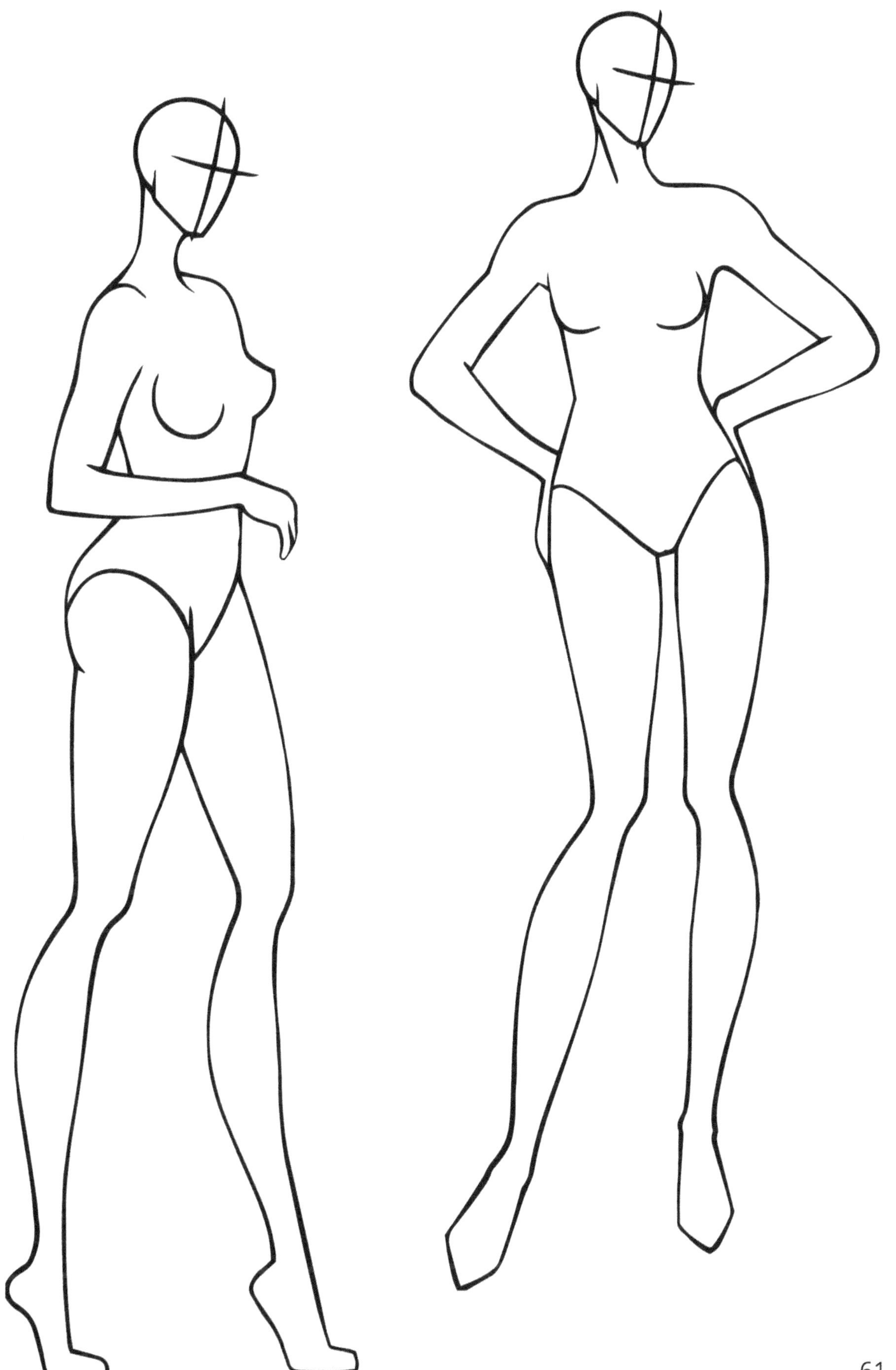

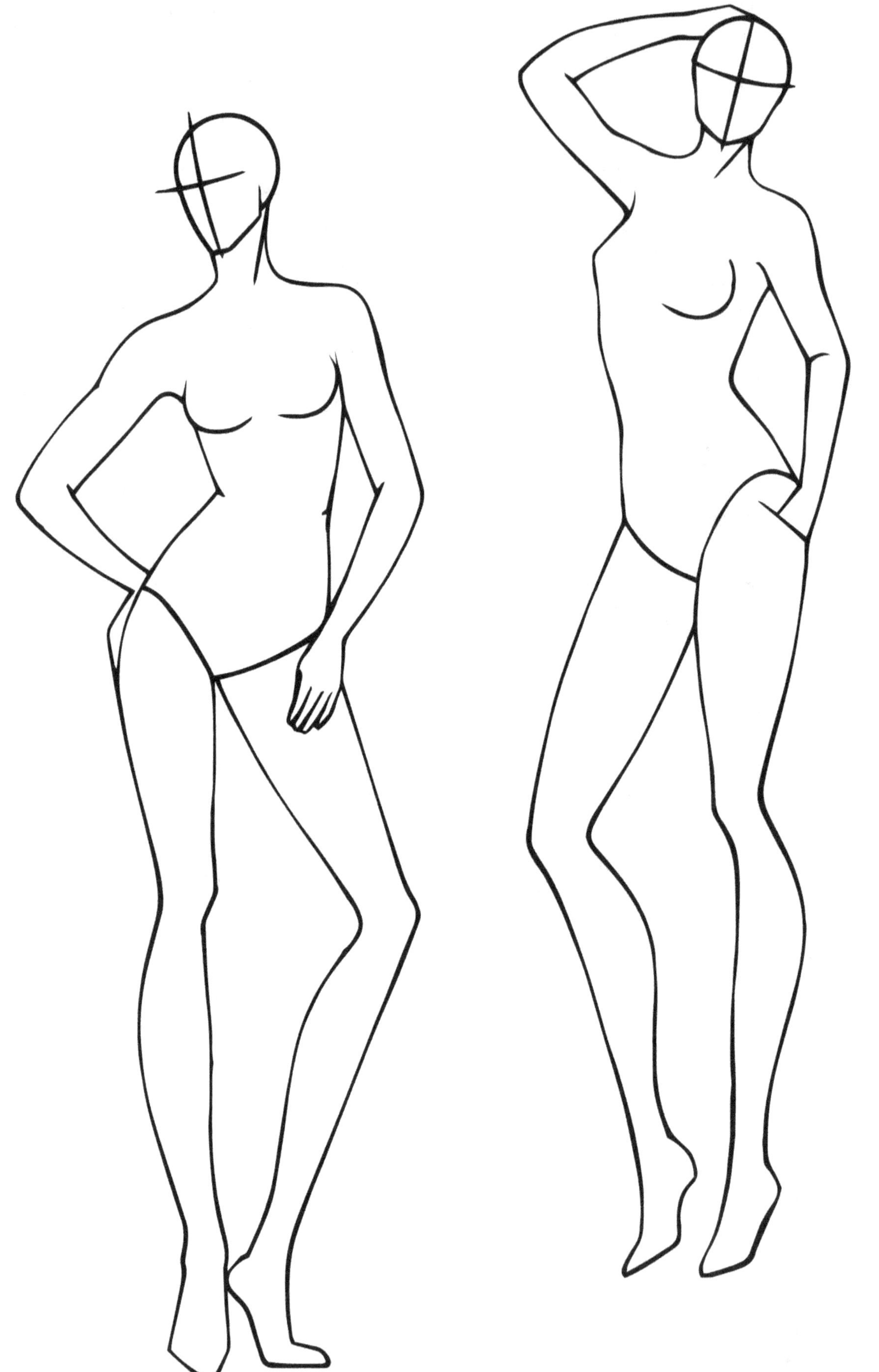

Deine Notizen & Inspirationsfotos

Diese Seite ist deine kreative Galerie. Verwende sie, um Fortschritte festzuhalten, Lieblingsdesigns zu speichern und über deine Entwicklung nachzudenken.

- Füge Skizzen, Inspirationsfotos oder Ausschnitte hinzu, um deine Modeideen zum Leben zu erwecken.
- Notiere Farben, Stoffe oder Outfit-Details, die dich inspiriert haben.
- Lass Platz für dein zukünftiges Ich, um zu sehen, wie sich dein Stil verändert.

Profi-Tipp: Ein einziges Bild oder Stoffmuster kann eine ganze Kollektion inspirieren. Scheue dich nicht, selbst kleinste Details festzuhalten, die dich begeistern!

Outfit-Inspiration:
Office Chic & Runway Glam

Power Dressing & Nachhaltiger Glamour

Office-Chic-Inspiration

Power Dressing betont klare Linien und Struktur. Ein doppelreihiger Blazer, betonte Schultern und eine strukturierte Handtasche vermitteln Autorität. Kombiniere sie mit schmal geschnittenen Hosen oder einem figurbetonten Kleid, um Volumen auszugleichen. Kräftige Farben wie Burgunderrot oder Waldgrün wirken stark und gleichzeitig elegant.

Runway-Glam-Inspiration

Nachhaltiger Glamour zeigt, dass Verantwortung und Stil Hand in Hand gehen. Verwende organische Stoffe, recycelte Materialien und natürliche Farbstoffe. Entwirf Laufsteglooks, die beweisen, dass umweltbewusste Mode ebenso faszinierend sein kann. Fließende Kleider in Erdtönen mit recyceltem Schmuck unterstreichen die Schönheit ethischer Mode.

Modepraxis-Leitfaden & Notizen

Mode bedeutet auch Funktion. Nutze diese Seite, um praktisch zu denken: Ist das Outfit tragbar, bequem und vielseitig? Skizzieren mit Zweck stärkt jedes Design.

So verwendest du diese Seite:
- Entwirf für einen bestimmten Anlass (Arbeit, Reise, Freizeit).
- Bedenke Bewegung: Kann man darin gehen, sitzen oder tanzen?
- Notiere praktische Details (Stoff, Passform, Komfort).

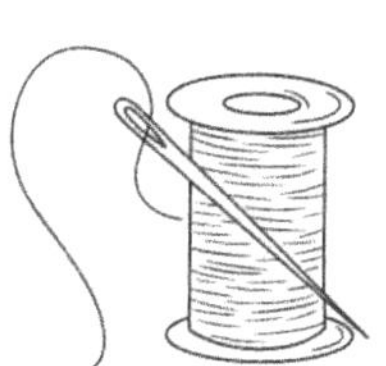

Reflexion & Notizen:
- Habe ich Stil und Komfort ausbalanciert?
- Welches Detail macht das Outfit am tragbarsten?
- Wie könnte ich das Design für einen anderen Anlass anpassen?

Profi-Tipp: *Praktische Details verwandeln ein Konzept in Realität.*

Outfit-Inspiration: Streetwear

Grafische Statements

Streetwear ist laut, mutig und ausdrucksstark. Grafische Prints und Slogans sind eine der stärksten Ausdrucksformen. Übergroße T-Shirts mit kräftigem Text, Hoodies mit Cartoon-Motiven oder Jacken mit Rückenprints - sie alle sind tragbare Kunst.

Designübung: Skizziere einen schlichten Hoodie und gestalte den Rücken mit einem grafischen Motiv. Das kann abstrakte Kunst, ein Naturmotiv oder ein starkes Wort zur Selbstermächtigung sein.

Stofftipp: In der Realität kann man mit Siebdruck, Stickerei oder Applikationen arbeiten - auf Papier sind deiner Kreativität keine Grenzen gesetzt.

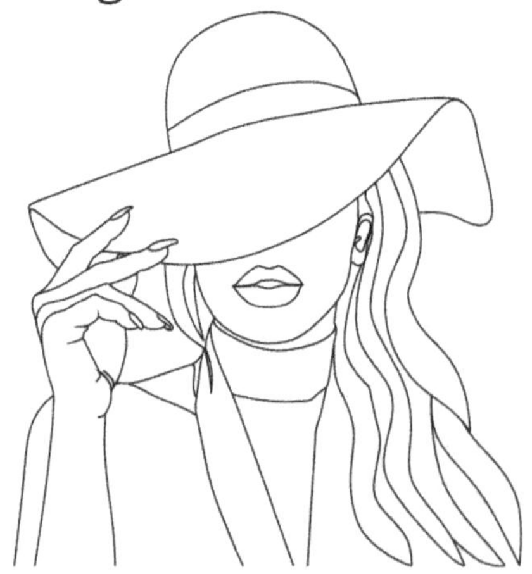

Trends

Inspiration

Textilien

Notizen

Details

Stoffproben

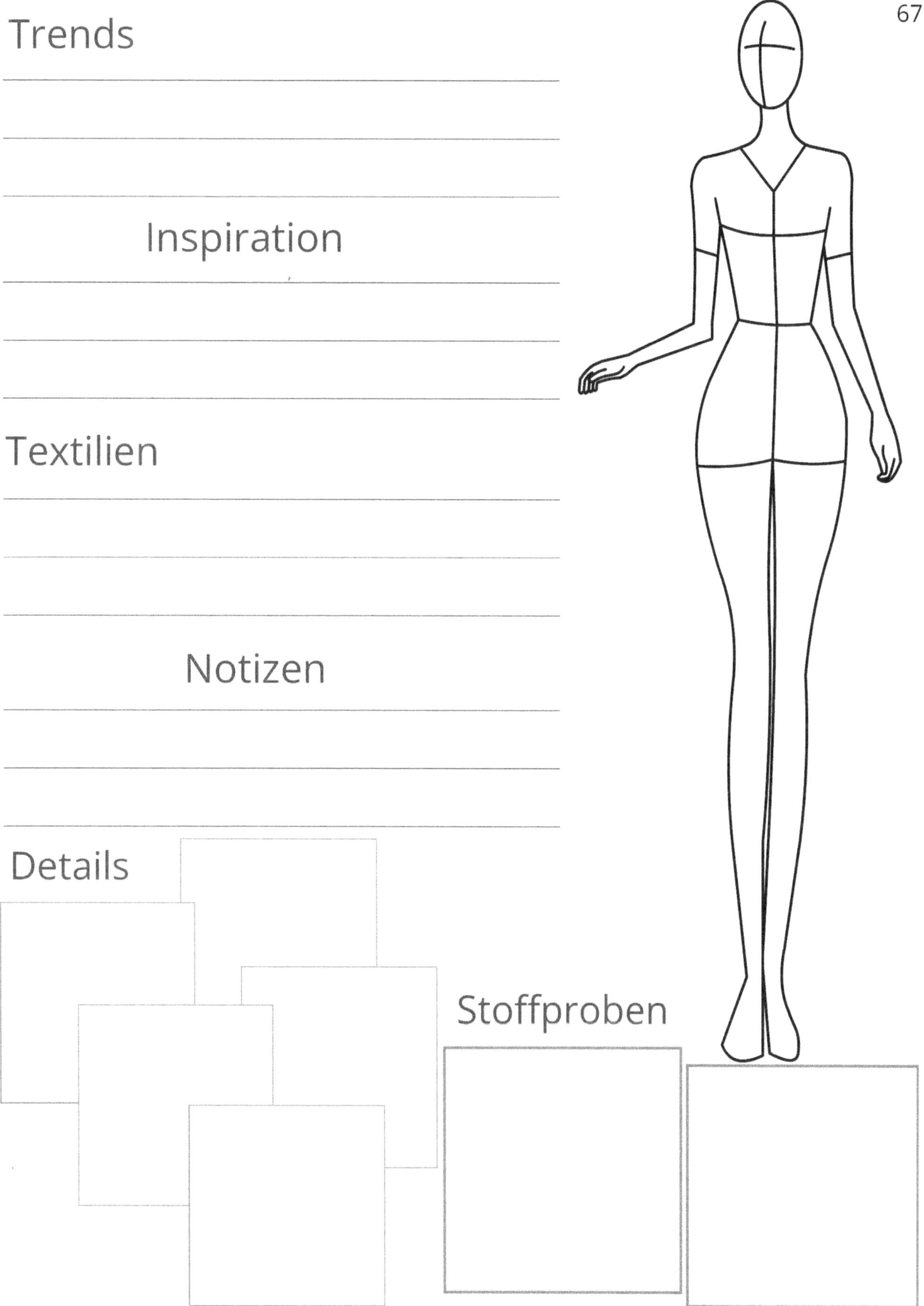

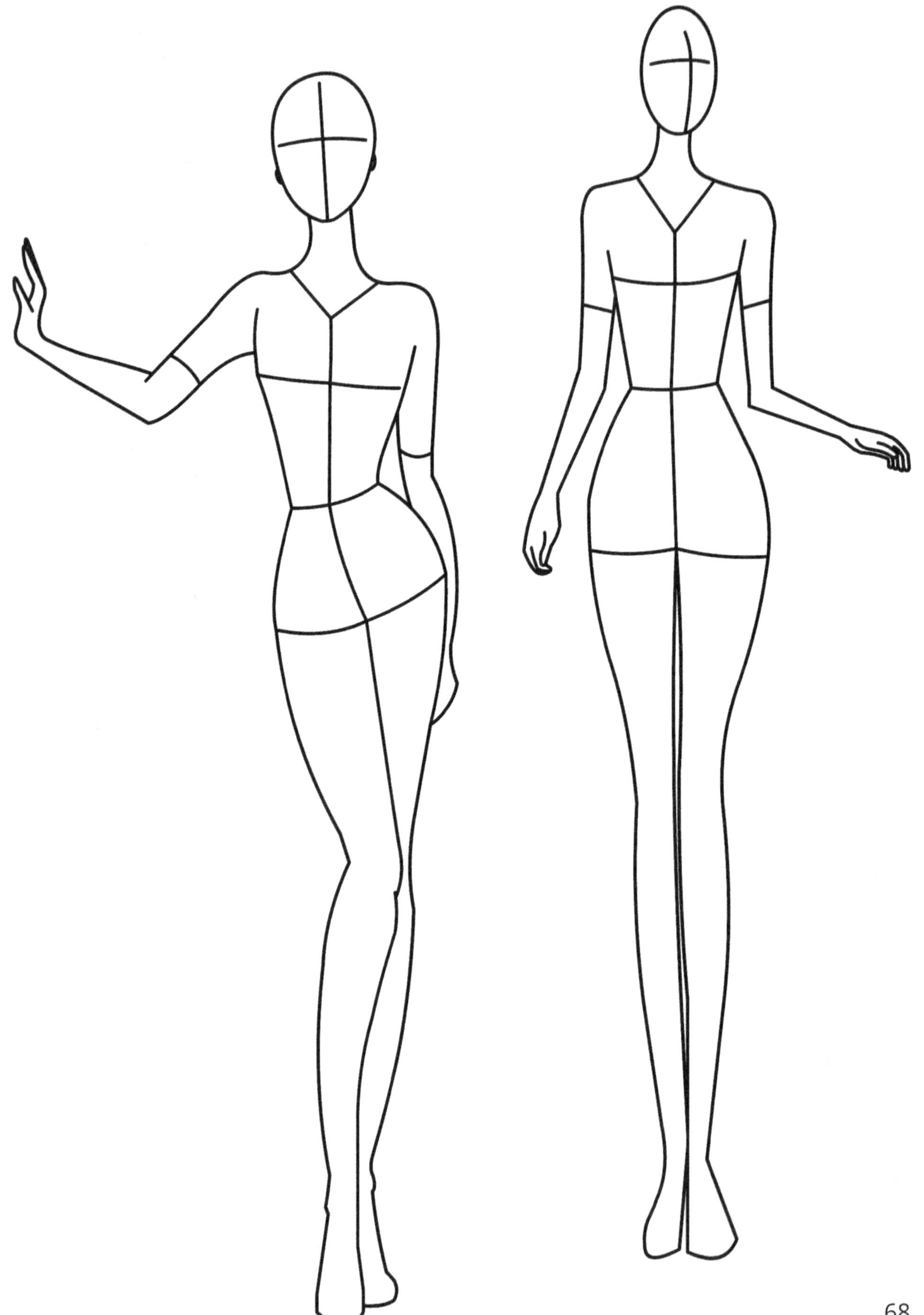

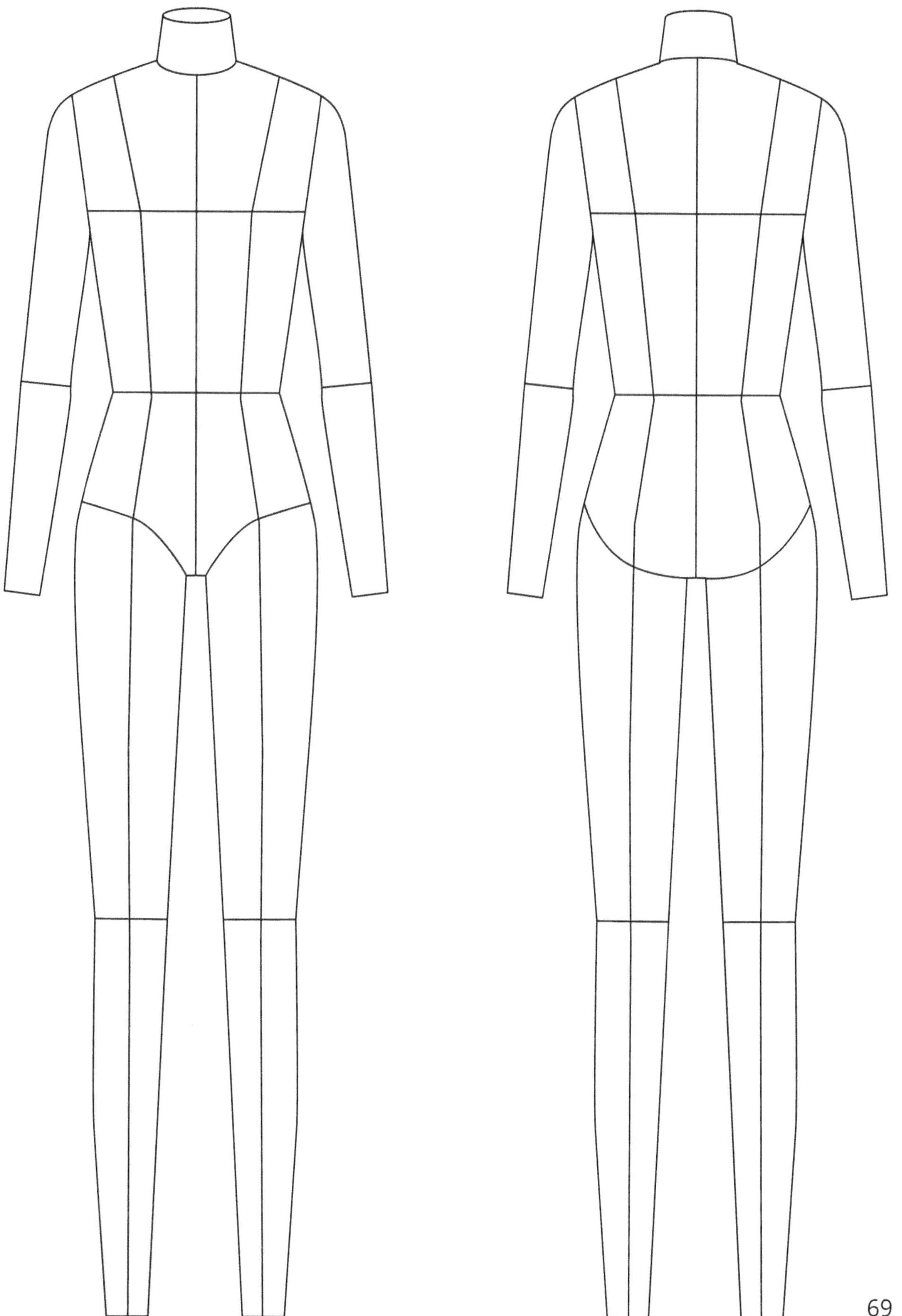

Deine Notizen & Inspirationsfotos

Diese Seite ist deine kreative Galerie. Verwende sie, um Fortschritte festzuhalten, Lieblingsdesigns zu speichern und über deine Entwicklung nachzudenken.

- Füge Skizzen, Inspirationsfotos oder Ausschnitte hinzu, um deine Modeideen zum Leben zu erwecken.
- Notiere Farben, Stoffe oder Outfit-Details, die dich inspiriert haben.
- Lass Platz für dein zukünftiges Ich, um zu sehen, wie sich dein Stil verändert.

Profi-Tipp: Ein einziges Bild oder Stoffmuster kann eine ganze Kollektion inspirieren. Scheue dich nicht, selbst kleinste Details festzuhalten, die dich begeistern!

Outfit-Inspiration:
Office Chic & Runway Glam

Entspannter Friday-Look & Haute Couture Glamour

Office-Chic-Inspiration

Casual Fridays eröffnen die Möglichkeit für entspanntere Kombinationen. Dunkler Denim, kombiniert mit einer Seidenbluse und einem eleganten Blazer, verbindet Professionalität mit Komfort. Die Schuhe können variieren - von eleganten Ankle Boots bis zu sauberen weißen Sneakers. Mit strukturierten Accessoires wie einer Tote-Bag oder einem schmalen Gürtel bleibt der Look dennoch gepflegt und stilvoll.

Runway-Glam-Inspiration

Haute Couture steht für pure Handwerkskunst. Aufwendige, handgenähte Verzierungen, luxuriöse Stoffe und avantgardistische Silhouetten verwandeln Kleidung in tragbare Skulpturen. Denke an übertriebene Rüschen, dramatische Schleppe oder filigrane Stickereien. Diese Designs überschreiten die Grenzen des Handwerks und machen Laufstegmomente unvergesslich.

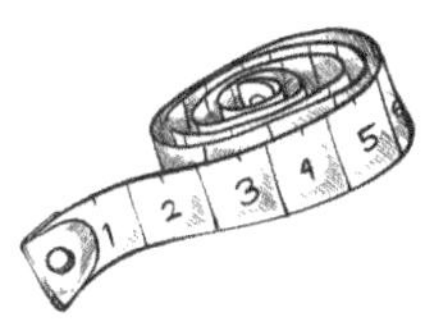

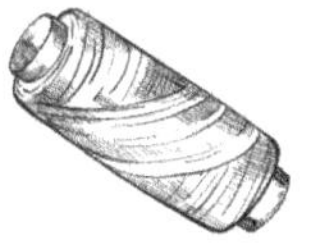

Modepraxis-Leitfaden & Notizen

Texturen erwecken Kleidung zum Leben. Nutze diese Seite, um Stoffe, Oberflächen und Materialien zu visualisieren. Selbst eine flache Skizze kann lebendig wirken, wenn die Details klar sind.

So verwendest du diese Seite:

- Skizziere Kleidungsstücke und beschrifte die Stoffarten (Denim, Seide, Wolle, Mesh).
- Experimentiere mit leichten und schweren Texturen.
- Notiere, wie sich der Stoff bewegen sollte.

Reflexion & Notizen:

- Welche Stoffkombination funktioniert hier am besten?
- Habe ich Textur und Silhouette ausgewogen dargestellt?
- Wie könnte ich die visuelle Wirkung verbessern?

Profi-Tipp: Textur ist die geheime Zutat, die Outfits unvergesslich macht.

Outfit-Inspiration: Streetwear

Streetwear in Neutralfarben

Nicht alle Streetwear ist auffällig. Minimalistische, neutrale Töne (Schwarz, Beige, Grau, Weiß) sind eine starke Stilrichtung. Diese Looks konzentrieren sich auf klare Formen und einfache Schichten.

Denke an beige Jogginghosen, schwarze Crop-Tops, übergroße graue Mäntel und weiße Sneakers. Die Accessoires bleiben dezent - Caps, kleine Rucksäcke, minimalistischer Schmuck.

Skizzierübung: Entwirf ein monochromes Streetwear-Outfit und füge dann ein kontrastierendes Element hinzu (z. B. einen roten Gürtel oder neonfarbene Schuhe), um zu sehen, wie der Akzent die gesamte Stimmung verändert.

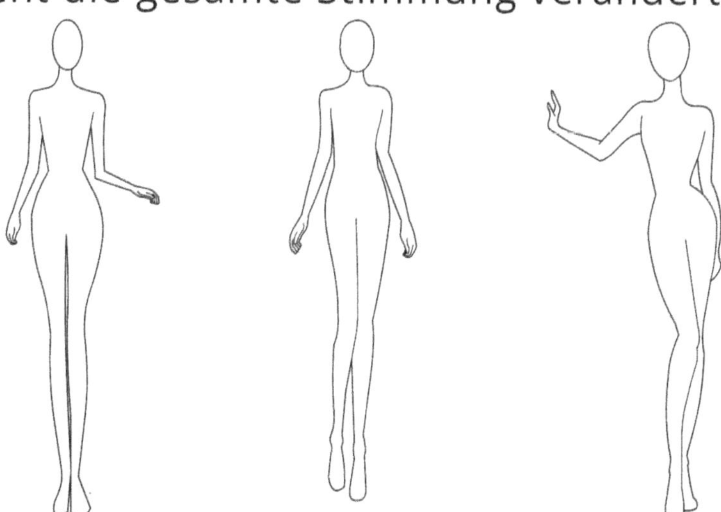

Trends

Inspiration

Textilien

Notizen

Details

Stoffproben

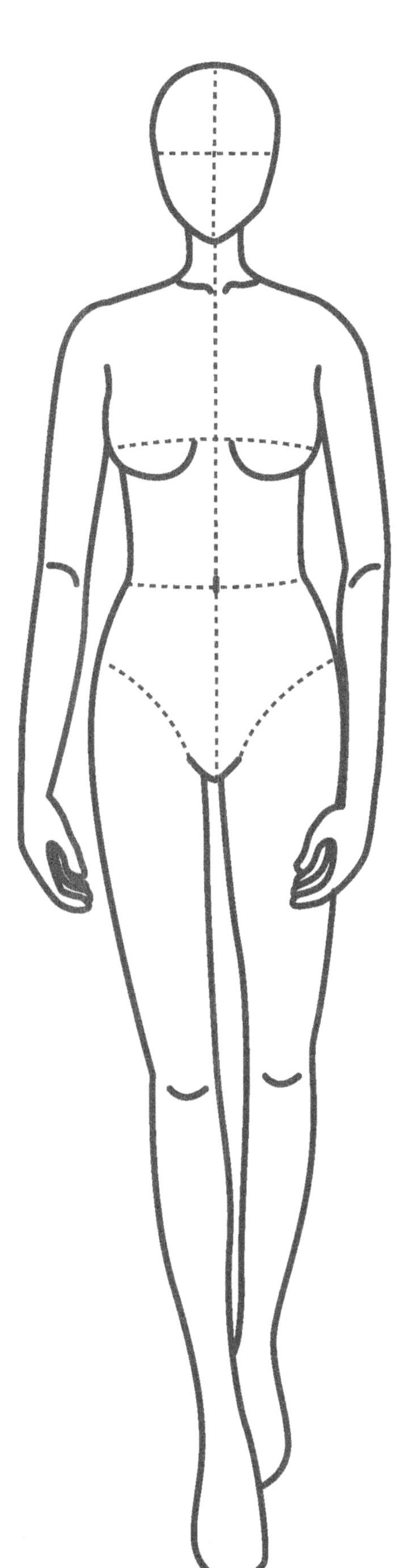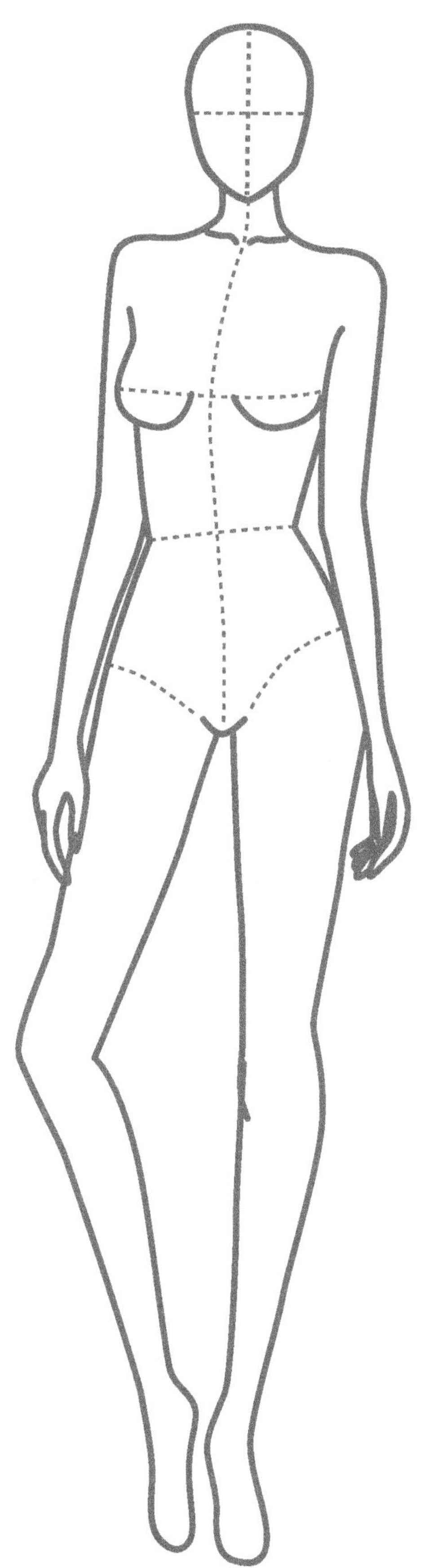

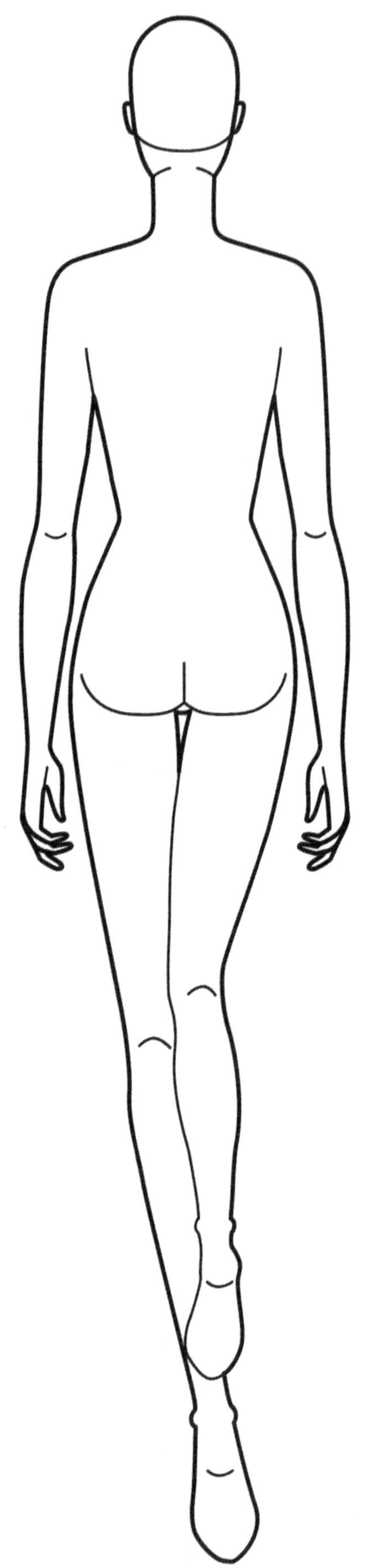
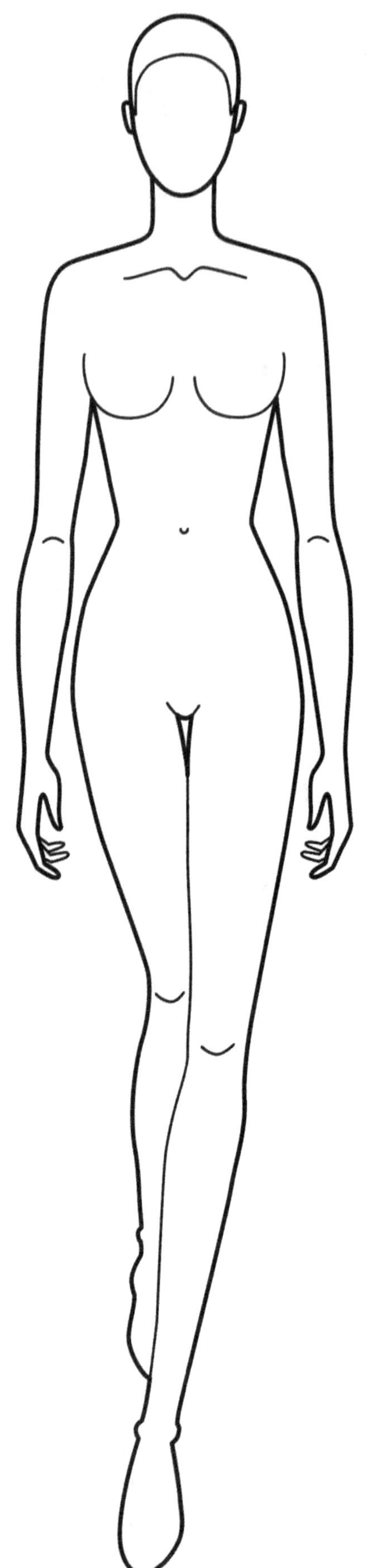

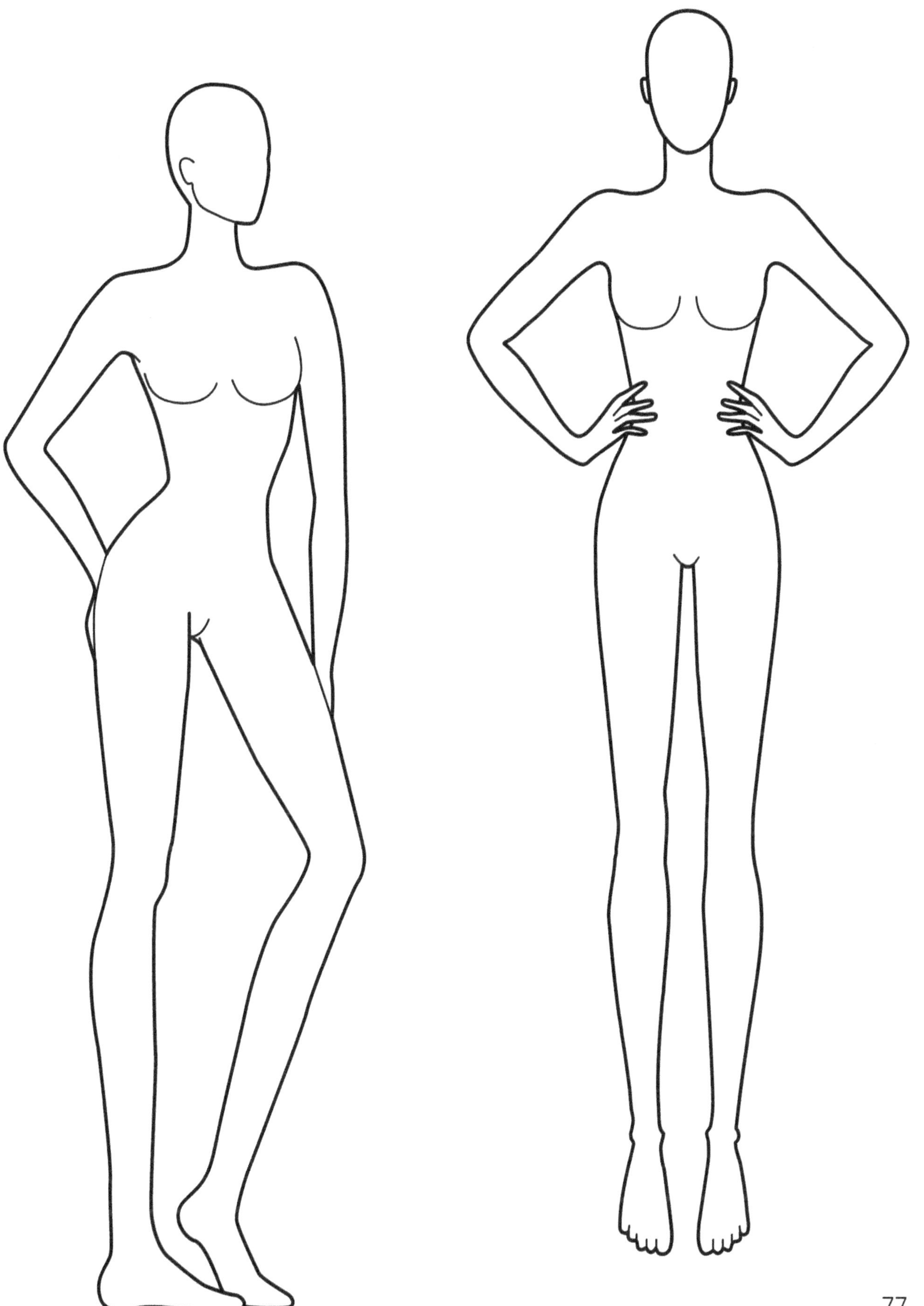

Deine Notizen & Inspirationsfotos

Diese Seite ist deine kreative Galerie. Verwende sie, um Fortschritte festzuhalten, Lieblingsdesigns zu speichern und über deine Entwicklung nachzudenken.

- Füge Skizzen, Inspirationsfotos oder Ausschnitte hinzu, um deine Modeideen zum Leben zu erwecken.
- Notiere Farben, Stoffe oder Outfit-Details, die dich inspiriert haben.
- Lass Platz für dein zukünftiges Ich, um zu sehen, wie sich dein Stil verändert.

Profi-Tipp: Ein einziges Bild oder Stoffmuster kann eine ganze Kollektion inspirieren. Scheue dich nicht, selbst kleinste Details festzuhalten, die dich begeistern!

Outfit-Inspiration:
Office Chic & Runway Glam

Monochromer Büro-Stil & Minimalistischer Laufsteg-Glamour

Office-Chic-Inspiration

Ein monochromer Look wirkt sofort harmonisch. Wähle eine Farbwelt - ganz in Beige, Grau oder Marineblau - und kombiniere darin verschiedene Texturen. Ein Wollrock, eine Seidenbluse und ein Ledergürtel in abgestimmten Tönen verleihen dem Ensemble Tiefe, ohne aufdringlich zu wirken. Schlichter Schmuck unterstreicht die Eleganz.

Runway-Glam-Inspiration

Minimal Glam feiert die Kraft der Schlichtheit. Lange Kleider mit klaren Linien, ohne überflüssige Verzierungen, in kräftigen Farben wie Smaragd oder Kobaltblau erzeugen starke Wirkung. Kombiniere dazu ein einziges Statement-Accessoire - etwa Kronleuchter-Ohrringe oder eine skulpturale Clutch. Weniger ist mehr, doch der Eindruck bleibt unvergesslich.

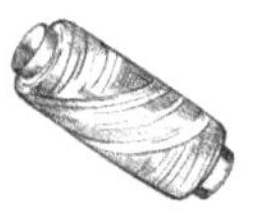
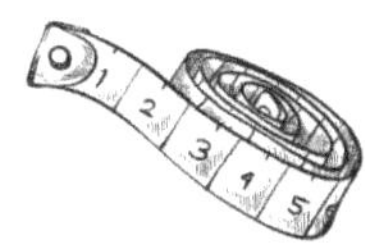

Modepraxis-Leitfaden & Notizen

Accessoires können ein Outfit vollständig verändern. Nutze diese Seite, um auszuprobieren, wie Taschen, Schuhe oder Schmuck deine Skizze aufwerten.

So verwendest du diese Seite:
- Beginne mit einem schlichten Basis-Outfit.
- Füge 2-3 verschiedene Accessoire-Kombinationen hinzu.
- Notiere, welche Variante am stärksten wirkt.

Reflexion & Notizen:
- Welches Accessoire hat den größten Charakter hinzugefügt?
- Haben die Accessoires das Outfit überladen oder betont?
- Wie kann ich das Gleichgewicht zwischen Outfit und Details verbessern?

Profi-Tipp: *Kleine Details schaffen große Statements.*

Outfit-Inspiration: Streetwear

Streetwear mit femininer Note

Streetwear muss nicht „tomboy" bedeuten. Weibliche Details schaffen Balance: Röcke mit Sneakers, Slip-Dresses über T-Shirts oder Oversized-Hoodies mit Overknee-Socken.

Stoffinspiration: Satinröcke mit Bomberjacken, Spitzentops mit Jeansshorts. Durch das Mischen von harten und weichen Texturen entsteht ein frischer, individueller Look.

Skizzierübung: Entwirf ein Outfit, das sowohl ein feminines Element (z. B. einen Rock) als auch ein klassisches Streetwear-Teil (z. B. Sneakers oder Hoodie) enthält.

Trends

Inspiration

Textilien

Notizen

Details

Stoffproben

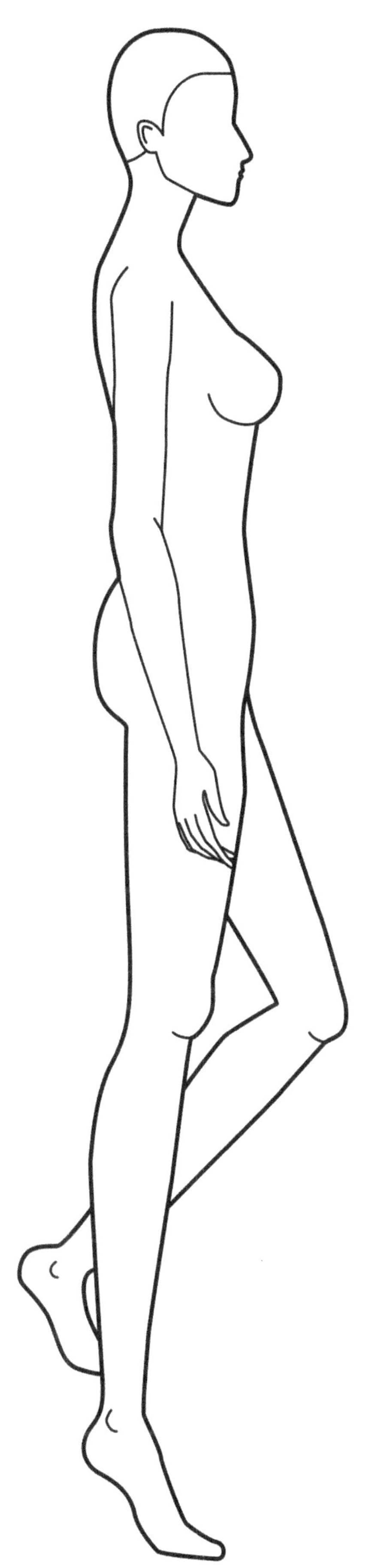
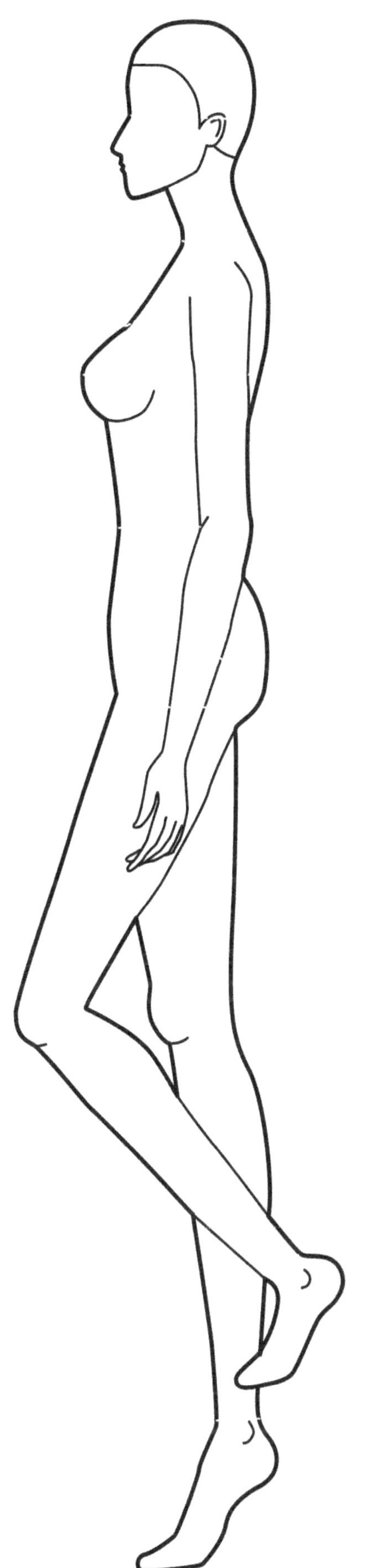

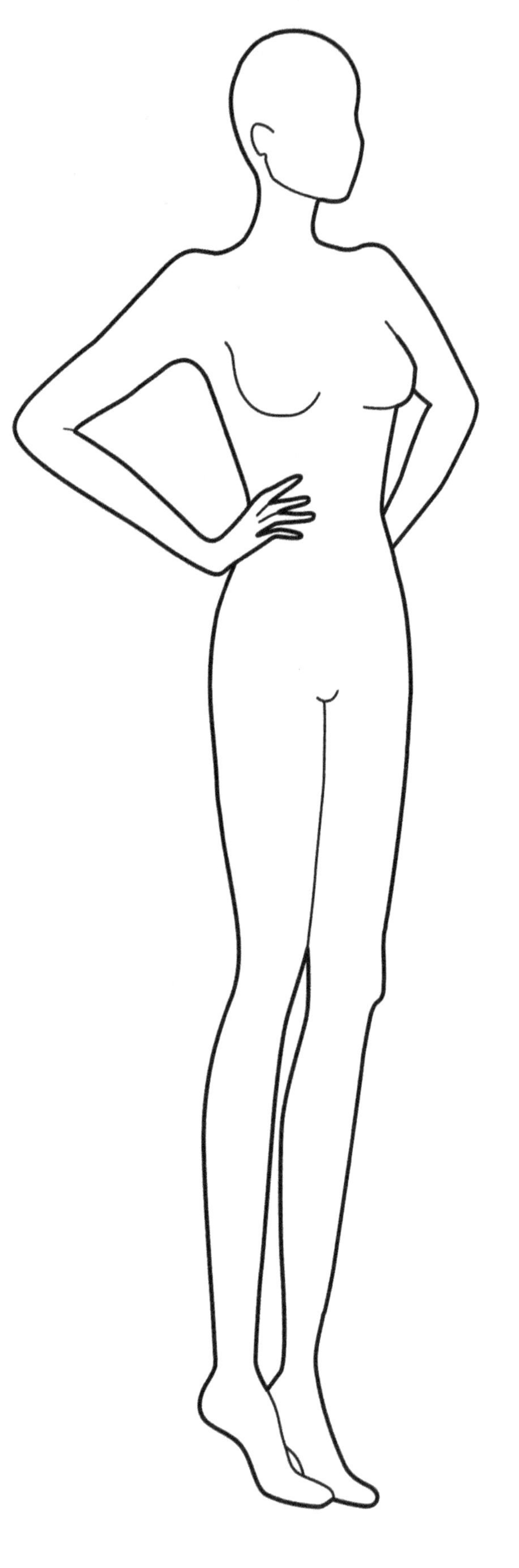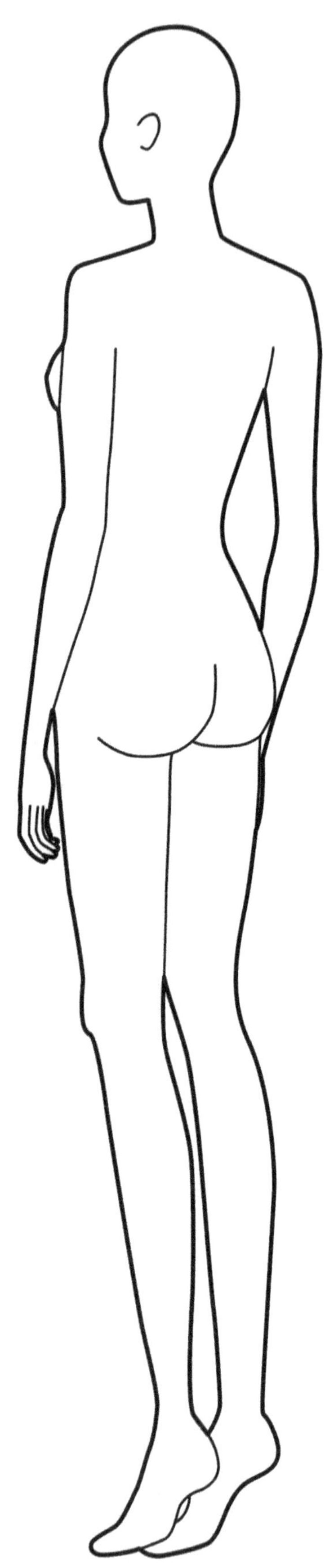

Deine Notizen & Inspirationsfotos

Diese Seite ist deine kreative Galerie. Verwende sie, um Fortschritte festzuhalten, Lieblingsdesigns zu speichern und über deine Entwicklung nachzudenken.

- Füge Skizzen, Inspirationsfotos oder Ausschnitte hinzu, um deine Modeideen zum Leben zu erwecken.
- Notiere Farben, Stoffe oder Outfit-Details, die dich inspiriert haben.
- Lass Platz für dein zukünftiges Ich, um zu sehen, wie sich dein Stil verändert.

Profi-Tipp: *Ein einziges Bild oder Stoffmuster kann eine ganze Kollektion inspirieren. Scheue dich nicht, selbst kleinste Details festzuhalten, die dich begeistern!*

Outfit Inspiration:
Office Chic & Runway Glam

Moderne Femininität & Futuristische Eleganz

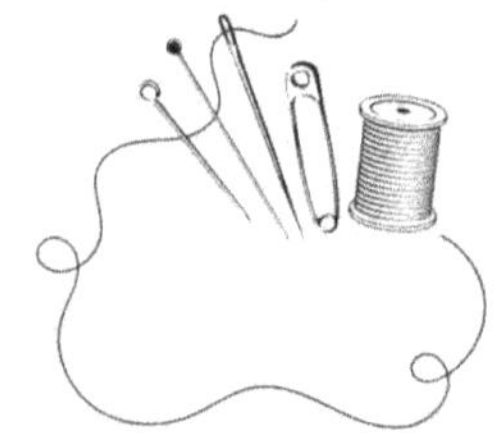

Office-Chic-Inspiration

Verleihe klassischen Büro-Essentials eine feminine Note. Eine Bluse mit sanften Rüschen, ein Rock mit Falten oder Hosen in Pastelltönen bringen Frische in die Alltagsgarderobe. Kombiniere sie mit neutralen Schuhen und dezentem Schmuck für ein ausgewogenes Erscheinungsbild - professionell, aber persönlich.

Runway-Glam-Inspiration

Futuristische Eleganz verbindet Innovation mit Anmut. Denke an fließende Stoffe mit metallischen Akzenten. Kleider mit strukturierten Oberteilen und weichen, schwingenden Röcken schaffen Kontrast zwischen Stärke und Leichtigkeit. Accessoires wie Chromgürtel oder skulpturaler Schmuck vollenden den High-Fashion-Look.

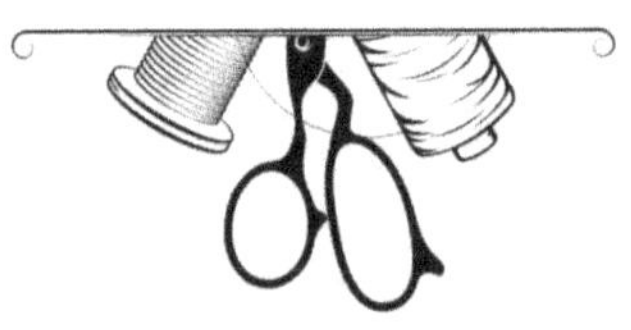

Modepraxis-Leitfaden & Notizen

Jede Skizze ist eine Gelegenheit, Proportionen zu verfeinern. Diese Seite dient dir als Trainingsfeld für Körperbalance und Passform.

So verwendest du diese Seite:

- Achte auf Körperverhältnisse (Länge von Oberkörper, Beinen, Armen).
- Justiere, wie die Kleidung natürlich auf der Figur fällt.
- Füge Notizen zur Passform hinzu: locker, tailliert, oversized.

Reflexion & Notizen:

- War ich heute präzise in den Proportionen?
- Welcher Teil der Skizze wirkt am ausgewogensten?
- Wie kann ich mich beim nächsten Mal verbessern?

Profi-Tipp: Starke Proportionen sind das Fundament großartiger Designs.

Outfit-Inspiration: Streetwear

Der Utility-Look

Streetwear bedient sich oft bei Arbeits- und Militärkleidung. Cargohosen, taktische Westen, große Taschen und Gürtelschnallen bringen Funktionalität in die Mode.

Farben: Khaki, Olivgrün, Schwarz und Camouflage dominieren. Accessoires wie Combat Boots, Bucket Hats oder Crossbody-Taschen runden den Look ab.

Skizzieridee: Probiere ein Cropped Tanktop mit weiten Cargohosen und einer taktischen Weste. Füge klobige Stiefel hinzu, um den Utility-Vibe zu vollenden.

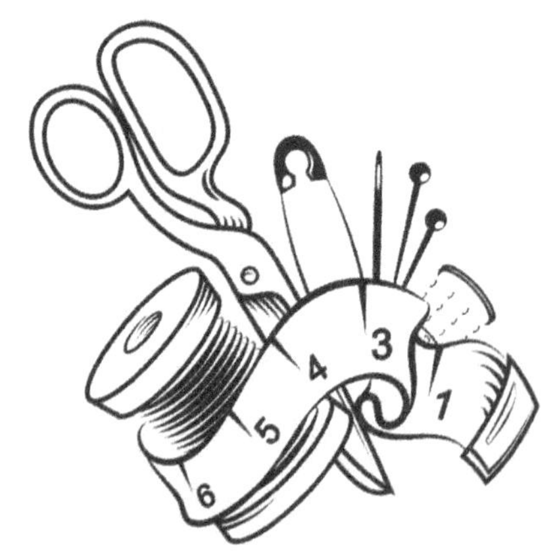

Trends

Inspiration

Textilien

Notizen

Details

Stoffproben

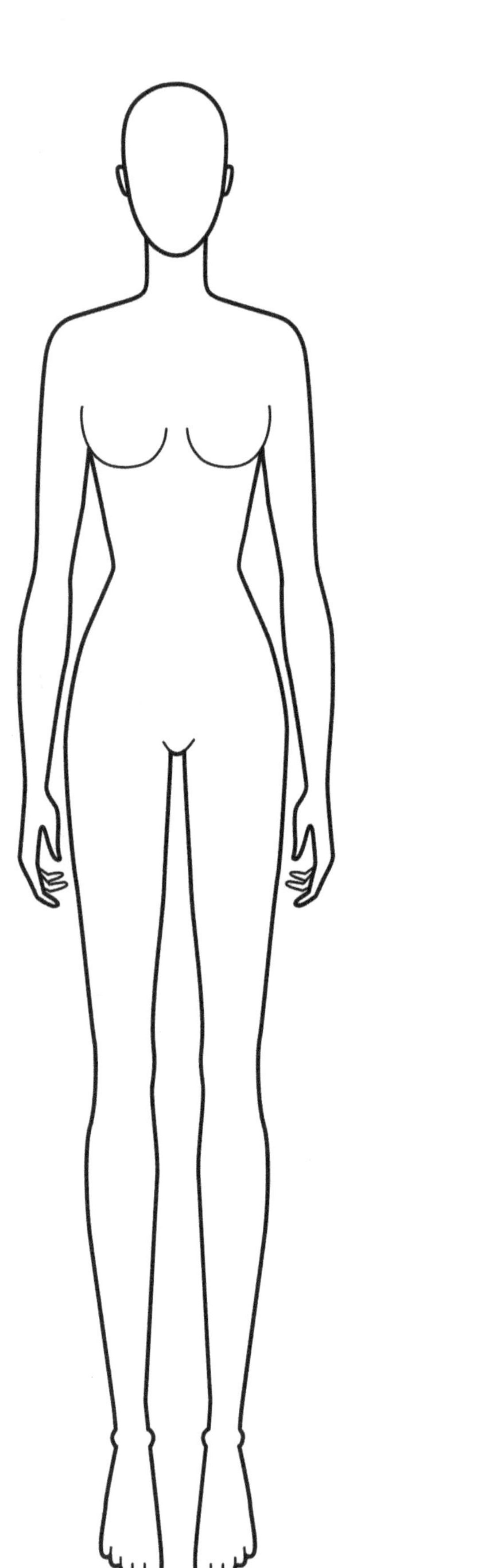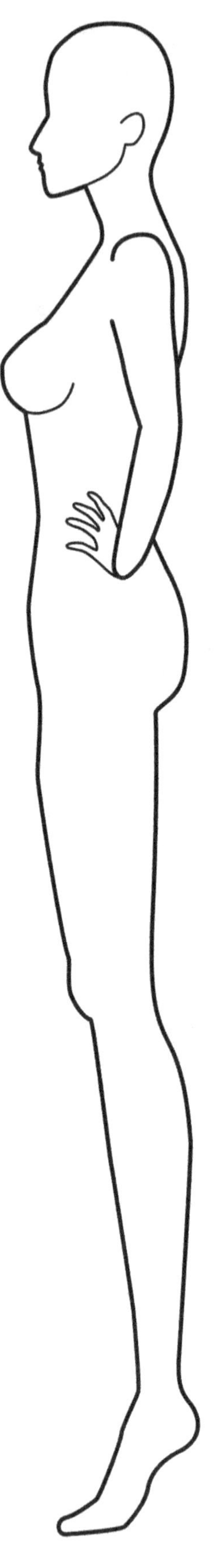

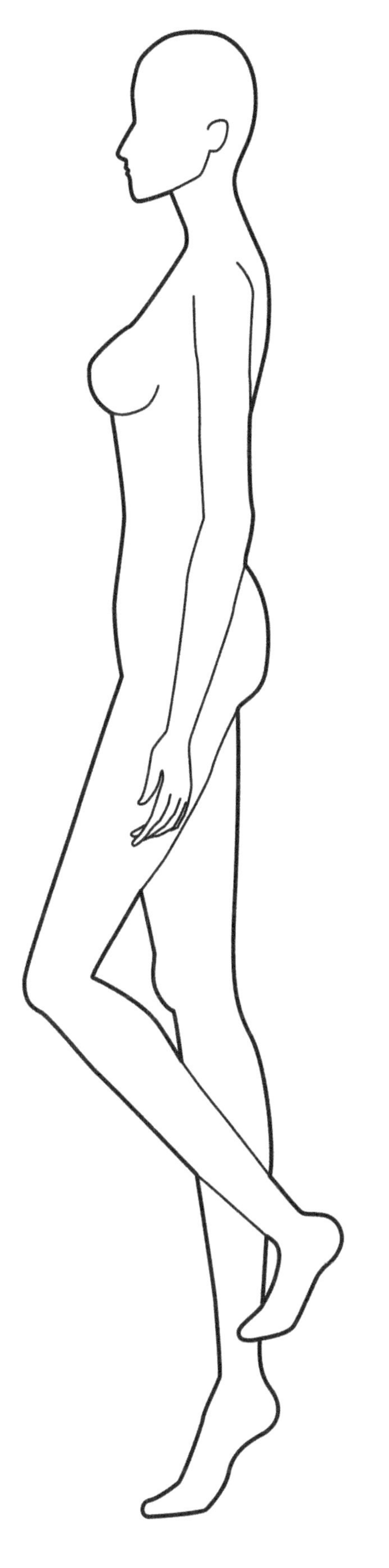
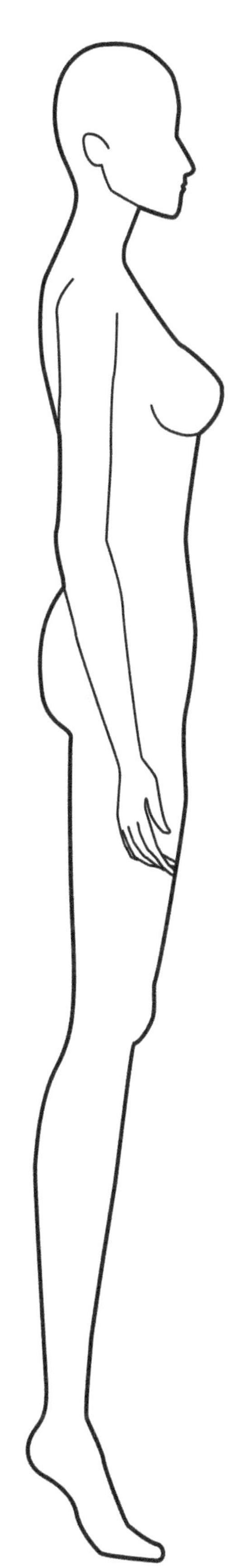

Deine Notizen & Inspirationsfotos

Diese Seite ist deine kreative Galerie. Verwende sie, um Fortschritte festzuhalten, Lieblingsdesigns zu speichern und über deine Entwicklung nachzudenken.

- Füge Skizzen, Inspirationsfotos oder Ausschnitte hinzu, um deine Modeideen zum Leben zu erwecken.
- Notiere Farben, Stoffe oder Outfit-Details, die dich inspiriert haben.
- Lass Platz für dein zukünftiges Ich, um zu sehen, wie sich dein Stil verändert.

Profi-Tipp: Ein einziges Bild oder Stoffmuster kann eine ganze Kollektion inspirieren. Scheue dich nicht, selbst kleinste Details festzuhalten, die dich begeistern!

Outfit-Inspiration:
Office Chic & Runway Glam

Smart-Casual Balance & Festival-Glanz

Office-Chic-Inspiration

Smart-Casual ist die perfekte Balance für viele Büros. Kombiniere Zigarettenhosen mit einem Stricktop oder einer eingesteckten Bluse. Ein kurzer Blazer sorgt für den Feinschliff, flache Schuhe oder Ankle Boots für Komfort. Ideal für kreative Meetings oder Tage, an denen Bequemlichkeit zählt.

Runway-Glam-Inspiration

Festival-Glamour lebt vom Funkeln. Pailletten, Glitzer und holografische Stoffe dominieren. Lagenröcke, verzierte Crop-Tops und kräftige Farbpaletten spiegeln die festliche Energie wider. Accessoires wie Federkopfschmuck oder verspiegelte Sonnenbrillen machen den Look verspielt und auffällig.

Modepraxis-Leitfaden & Notizen

Farben schaffen Stimmung. Nutze diese Seite, um mit verschiedenen Farbpaletten zu experimentieren und zu sehen, wie sie dasselbe Design verändern.

So verwendest du diese Seite:

- Skizziere ein Outfit und wende 2-3 verschiedene Farbschemata an.
- Beschrifte die Paletten (warm, kühl, monochrom).
- Beobachte, wie sich die Wirkung mit jeder Variante verändert.

Reflexion & Notizen:

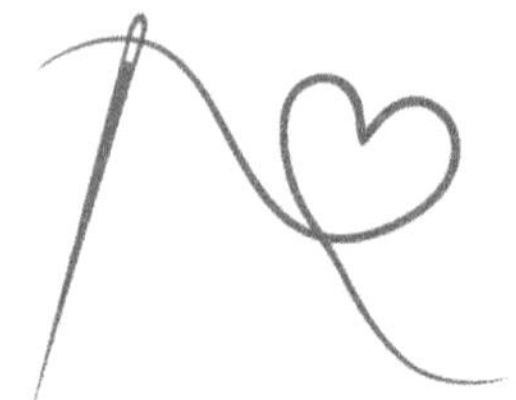

- Welche Palette drückt meine Idee am besten aus?
- Haben die Farben harmoniert oder kollidiert?
- Wie könnte ich diese Palette erneut einsetzen?

Profi-Tipp: Die richtige Farbpalette macht dein Design unvergesslich.

Outfit-Inspiration: Streetwear

Vintage Streetwear Revival

Streetwear greift oft auf vergangene Jahrzehnte zurück - besonders die 80er, 90er und frühen 2000er. Übergroße Jeansjacken, Batik-T-Shirts, Karierte Hemden oder Bucket Hats feiern ihr Comeback.

Design-Challenge: Kreiere einen Vintage-inspirierten Look mit modernem Twist - vielleicht ein Batik-Hoodie mit modernen Sneakers oder Schlagjeans mit Crop-Top und auffälliger Sonnenbrille.

Profi-Tipp*: Streetwear ist zyklisch - was gestern „veraltet" war, ist heute der heißeste Trend.*

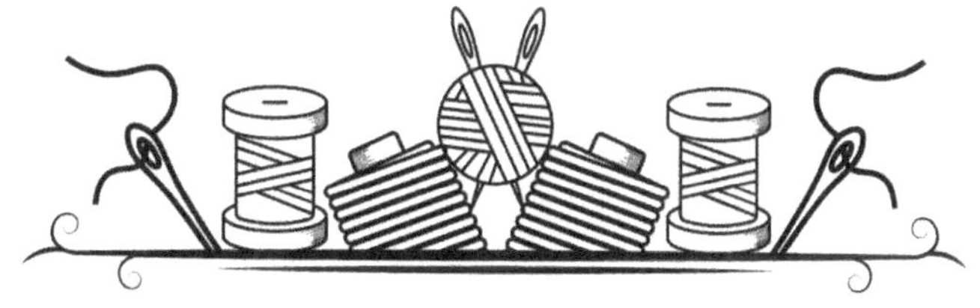

Trends

Inspiration

Textilien

Notizen

Details

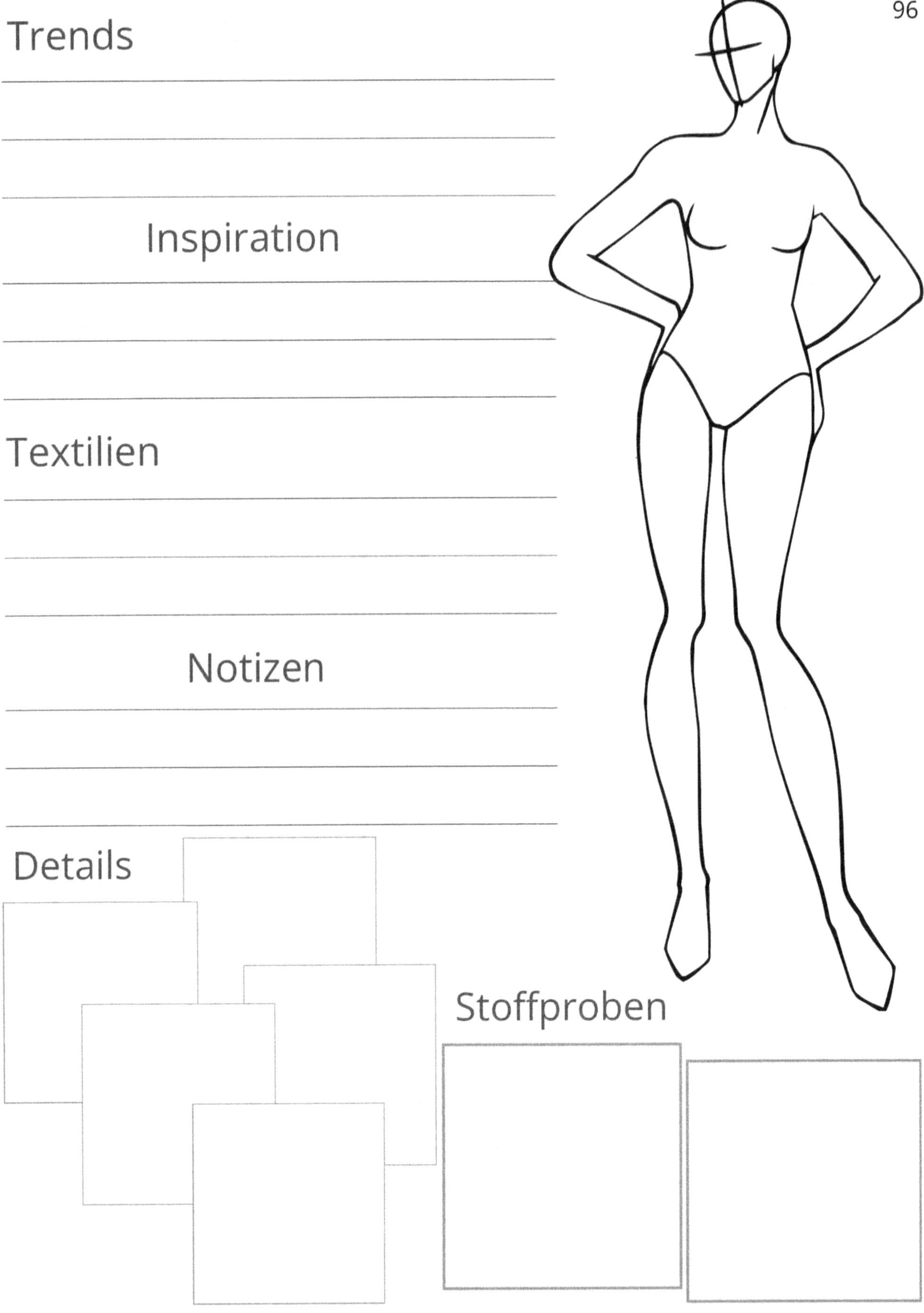

Stoffproben

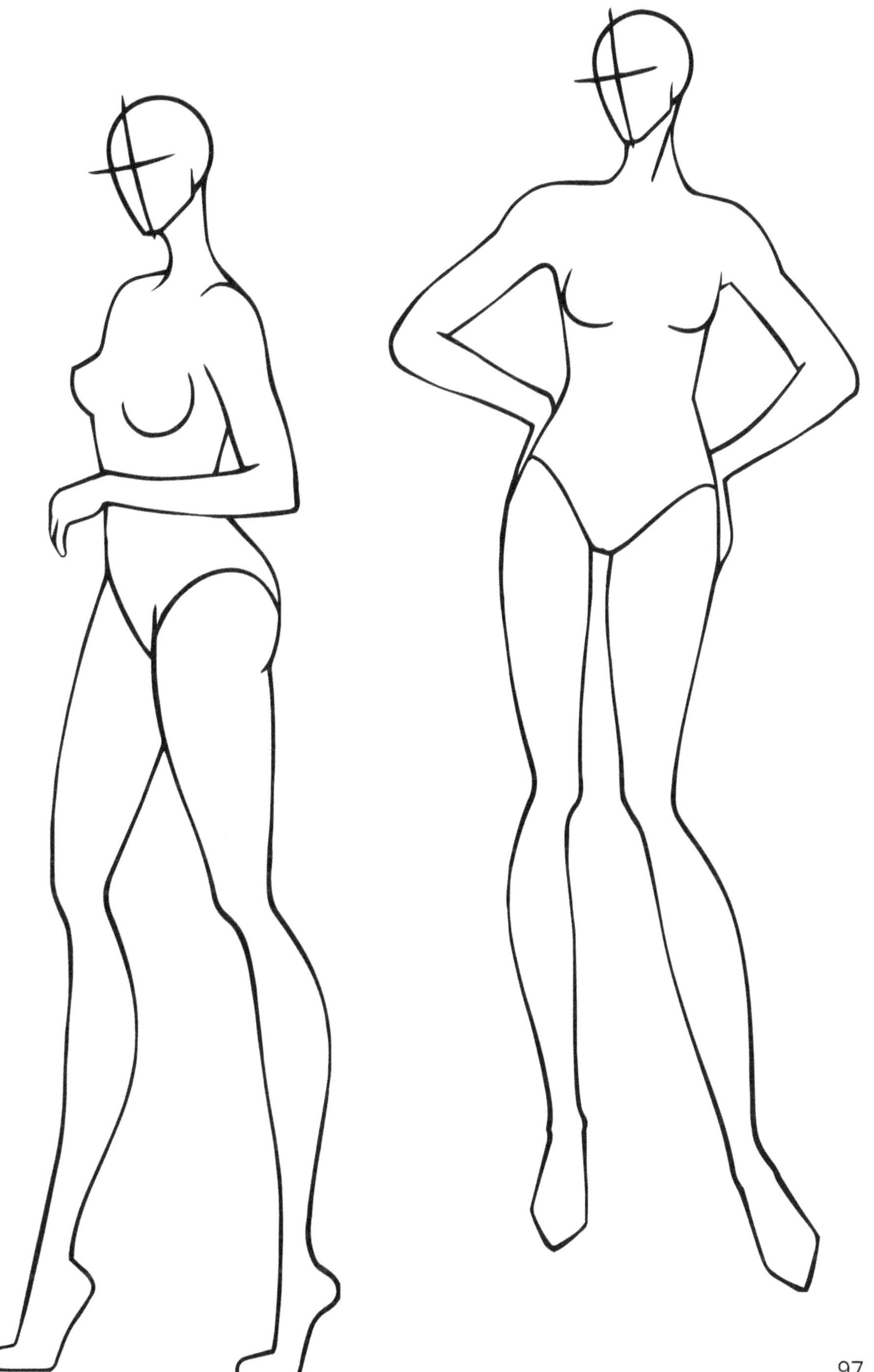

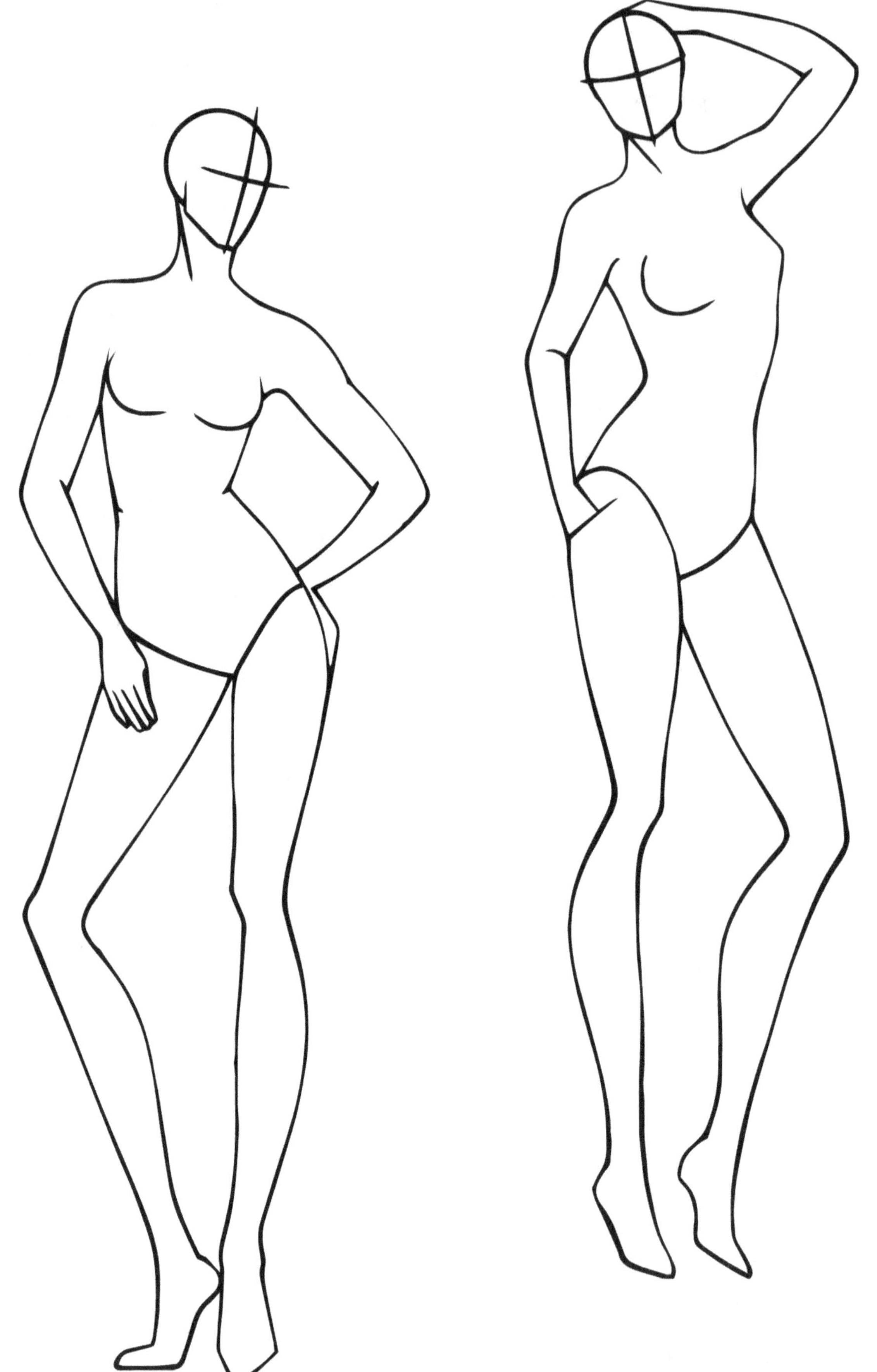

Deine Notizen & Inspirationsfotos

Diese Seite ist deine kreative Galerie. Verwende sie, um Fortschritte festzuhalten, Lieblingsdesigns zu speichern und über deine Entwicklung nachzudenken.

- Füge Skizzen, Inspirationsfotos oder Ausschnitte hinzu, um deine Modeideen zum Leben zu erwecken.
- Notiere Farben, Stoffe oder Outfit-Details, die dich inspiriert haben.
- Lass Platz für dein zukünftiges Ich, um zu sehen, wie sich dein Stil verändert.

Profi-Tipp: *Ein einziges Bild oder Stoffmuster kann eine ganze Kollektion inspirieren. Scheue dich nicht, selbst kleinste Details festzuhalten, die dich begeistern!*

Outfit-Inspiration:
Office Chic & Runway Glam

Elegantes Büro-Kleid & Nachhaltige Couture

Office-Chic-Inspiration

Ein elegantes Büro-Kleid vereinfacht den Morgen und bewahrt dabei den Stil. Ein knielanges Etuikleid in einer Unifarbe, kombiniert mit einer kurzen Jacke, funktioniert perfekt. Wähle weiche Stoffe, die sich angenehm bewegen, aber dennoch Struktur behalten. Neutrale Schuhe und ein schmaler Gürtel vervollständigen den Look.

Runway-Glam-Inspiration

Nachhaltige Couture verbindet Luxus mit Bewusstsein. Designer experimentieren mit Naturseide, Bambusstoffen oder recycelten Verzierungen. Bodenlange Kleider mit minimalem Verschnitt betonen Schönheit und Innovation. Wenn nachhaltige Mode auf dem Laufsteg gezeigt wird, inspiriert sie sowohl Bewusstsein als auch Bewunderung.

Modepraxis-Leitfaden & Notizen

Outfits wirken stärker in Kollektionen. Nutze diese Seite, um über ein einzelnes Design hinauszudenken und Teile zu entwerfen, die zusammenpassen.

So verwendest du diese Seite:
- Entwirf 2-3 Varianten desselben Themas.
- Behalte ein verbindendes Detail bei (Farbe, Stoff, Silhouette).
- Notiere, wie die Designs in eine Capsule Wardrobe passen könnten.

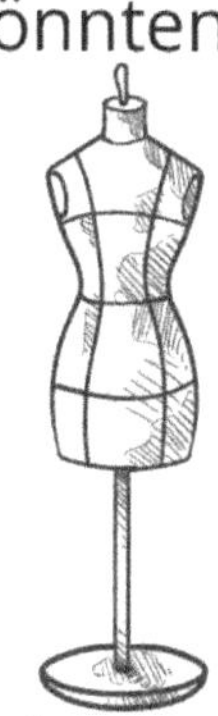

Reflexion & Notizen:
- Fühlen sich meine Skizzen wie Teil einer Kollektion an?
- Welches Stück fällt am meisten auf?
- Wie könnte ich die Harmonie zwischen ihnen verfeinern?

Profi-Tipp: Starke Kollektionen leben von Konsistenz - mit einem kreativen Twist.

Outfit-Inspiration: Streetwear

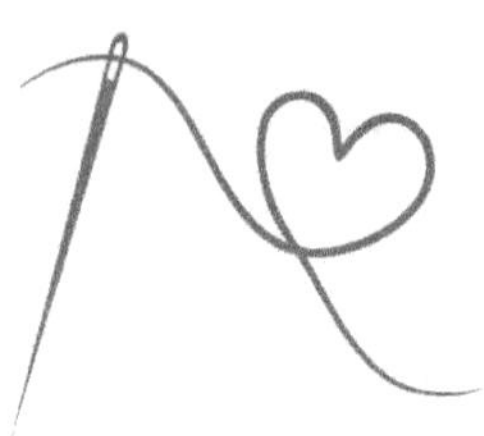

Sneakers im Mittelpunkt

Sneakers sind im Streetwear-Stil mehr als nur Schuhe - sie sind das Fundament eines Outfits. Manchmal entsteht der gesamte Look rund um sie.

Designübung: Wähle ein auffälliges Sneakerpaar (zum Beispiel in Neonfarben, High-Top oder mit dicker Sohle) und entwirf das gesamte Outfit passend dazu. Vielleicht oversized Jogginghosen, in Socken gesteckt, kombiniert mit einem cropped Hoodie und einer Bomberjacke in Lagen.

Stofftipp: Balanciere auffällige Sneakers mit neutraler Kleidung oder stimme Details (Schnürsenkel, Streifen) mit Accessoires ab, um ein harmonisches Gesamtbild zu schaffen.

Trends

Inspiration

Textilien

Notizen

Details

Stoffproben

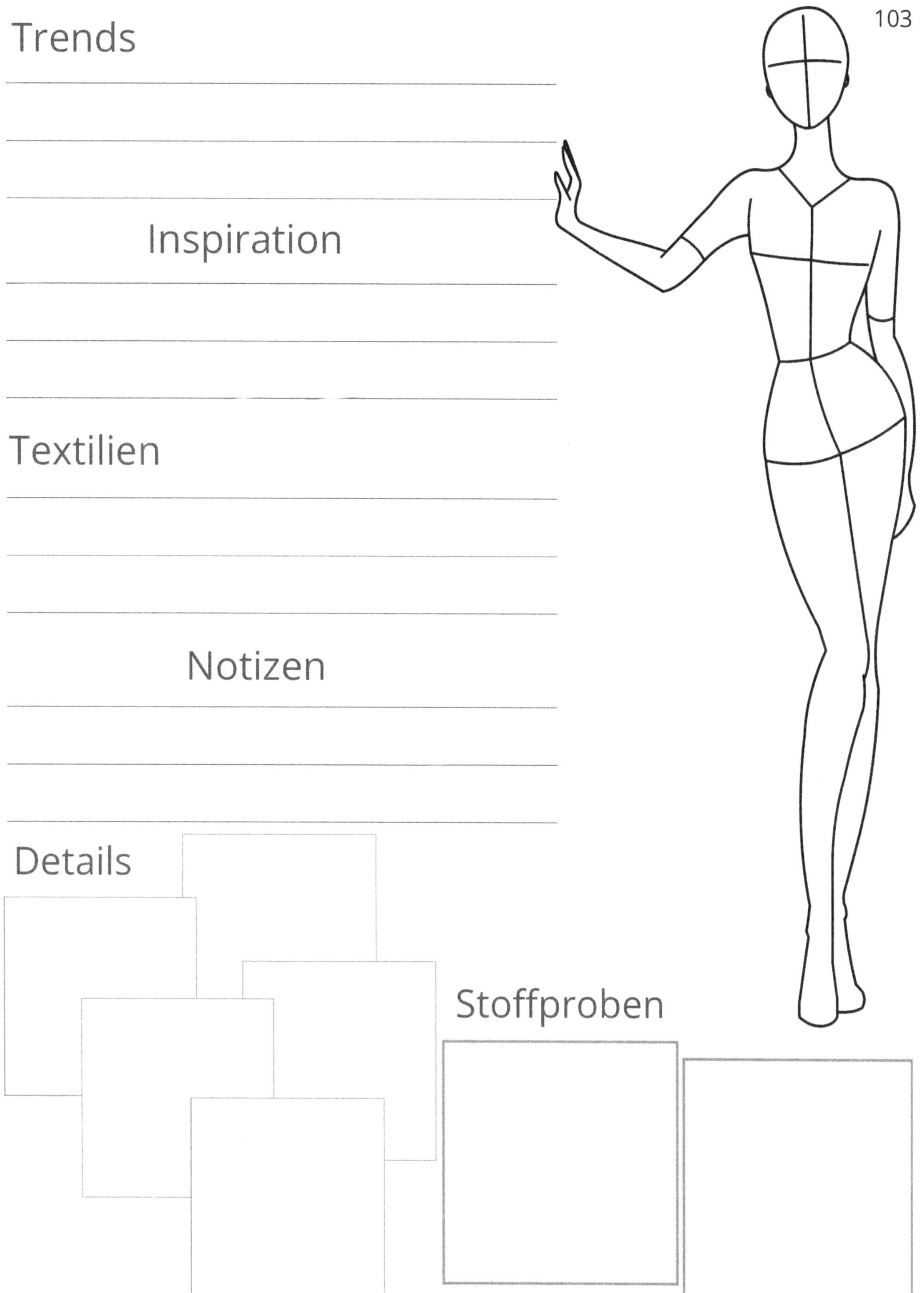

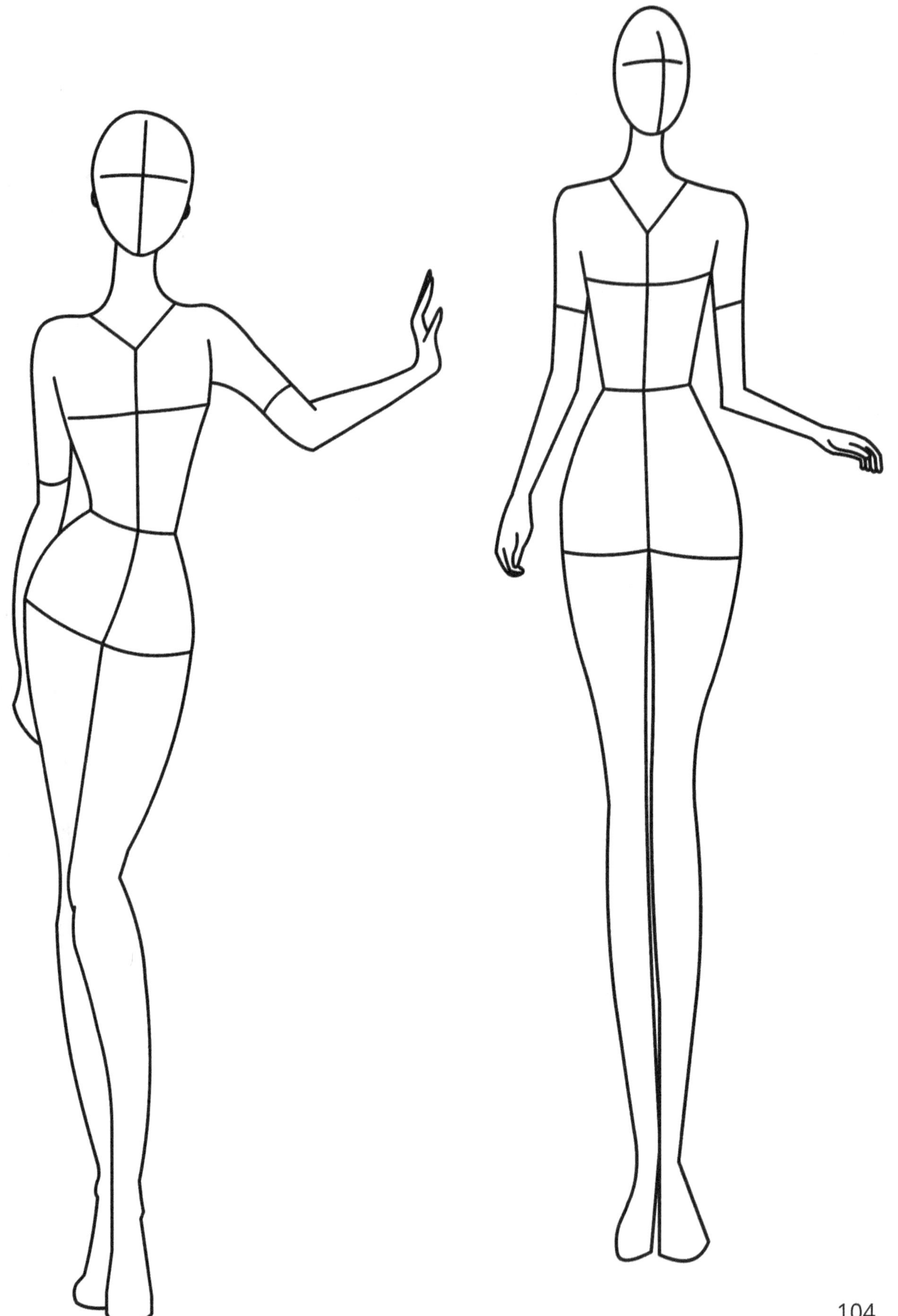

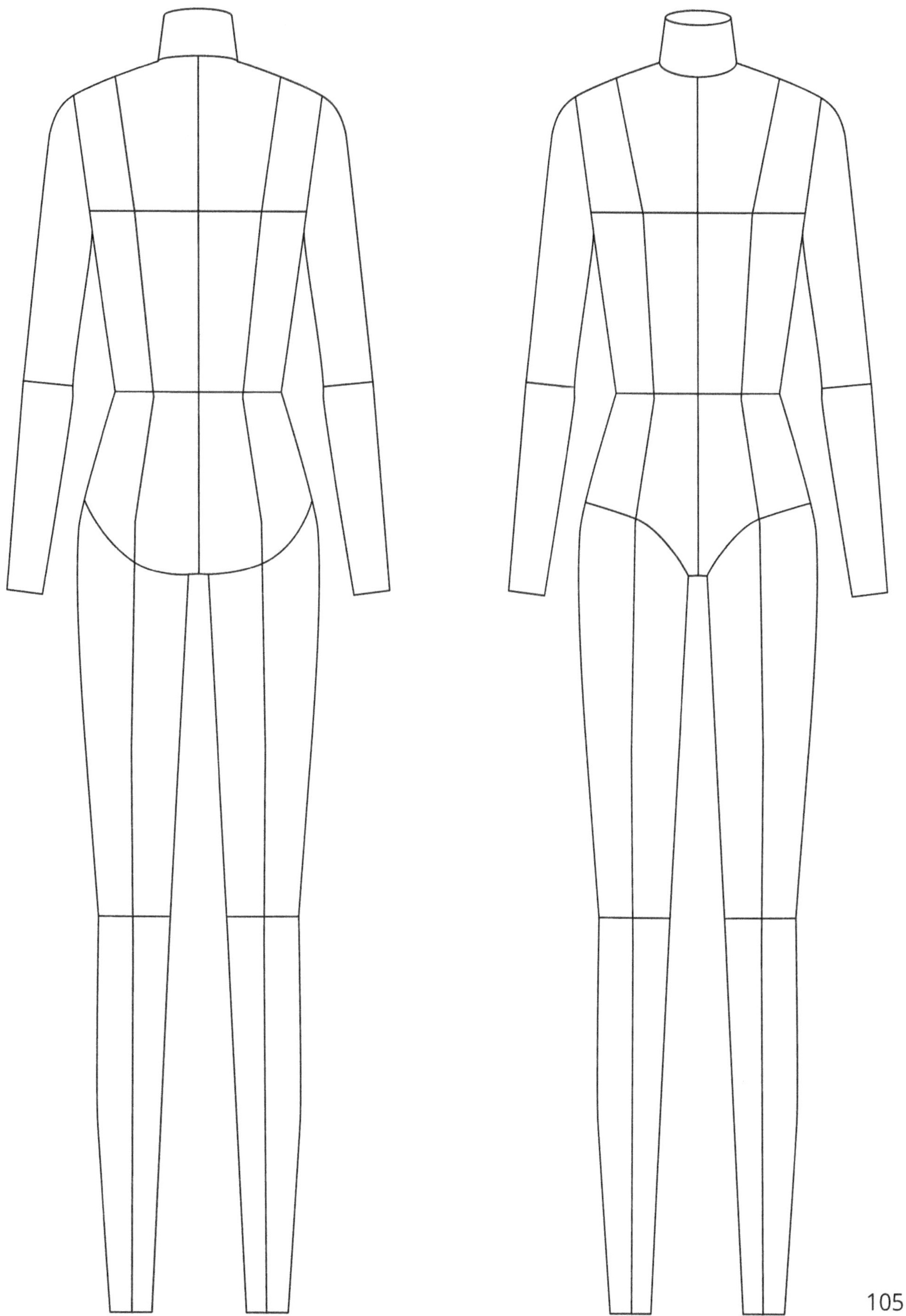

Deine Notizen & Inspirationsfotos

Diese Seite ist deine kreative Galerie. Verwende sie, um Fortschritte festzuhalten, Lieblingsdesigns zu speichern und über deine Entwicklung nachzudenken.

- Füge Skizzen, Inspirationsfotos oder Ausschnitte hinzu, um deine Modeideen zum Leben zu erwecken.
- Notiere Farben, Stoffe oder Outfit-Details, die dich inspiriert haben.
- Lass Platz für dein zukünftiges Ich, um zu sehen, wie sich dein Stil verändert.

Profi-Tipp: *Ein einziges Bild oder Stoffmuster kann eine ganze Kollektion inspirieren. Scheue dich nicht, selbst kleinste Details festzuhalten, die dich begeistern!*

Outfit-Inspiration:
Office Chic & Runway Glam

Trendangepasster Büro-Look & Futuristischer Showstopper

Office-Chic-Inspiration

Feine Trends in die Bürogarderobe einzubringen, hält den Stil modern. Weit geschnittene Hosen, gedeckte Pastelltöne oder übergroße Blazer wirken professionell, wenn sie mit neutralen Basics kombiniert werden. Accessoires wie eine strukturierte Crossbody-Tasche oder moderne Loafer runden den Look ab.

Runway-Glam-Inspiration

Ein futuristischer Showstopper verlangt Mut. Kleider mit LED-Details, reflektierenden Stoffen oder skulpturalen Silhouetten definieren Modegrenzen neu. Diese Statement-Stücke sollen beeindrucken, Gespräche anregen und Inspiration wecken.

Modepraxis-Leitfaden & Notizen

Manchmal ist weniger mehr. Nutze diese Seite, um Minimalismus zu testen: klare Linien, wenige Details und Fokus auf die Silhouette.

So verwendest du diese Seite:

- Skizziere ein Outfit mit höchstens 3 Hauptelementen.
- Konzentriere dich auf Proportion und negativen Raum.
- Notiere, wie Schlichtheit die Wirkung verändert.

Reflexion & Notizen:

- Macht die Einfachheit das Design stärker?
- Welches Detail trägt das meiste Gewicht?
- Was würde ich beim nächsten Mal entfernen oder behalten?

Profi-Tipp: Minimalismus kann lauter sprechen als Überfluss.

Outfit-Inspiration: Streetwear

Streetwear-Accessoires mit Wow-Effekt

Accessoires definieren Streetwear oft erst richtig. Bucket Hats, übergroße Sonnenbrillen, grobe Ketten, Bauchtaschen und Beanies sind die Details, die ein Outfit unvergesslich machen.

Skizzier-Challenge: Entwirf ein schlichtes Basis-Outfit und peppe es mit 2-3 auffälligen Accessoires auf. Beobachte, wie Accessoires minimalistische Kleidung in ein vollständiges Streetwear-Ensemble verwandeln.

Profi-Tipp: Accessoires sind der schnellste Weg, mit Trends zu experimentieren, ohne das ganze Outfit zu verändern.

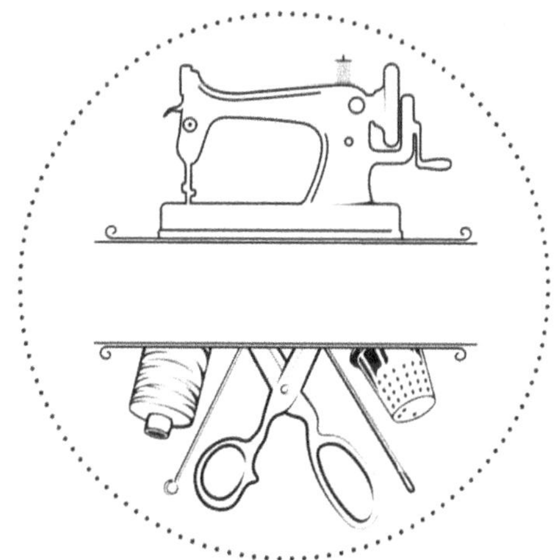

Trends

Inspiration

Textilien

Notizen

Details

Stoffproben

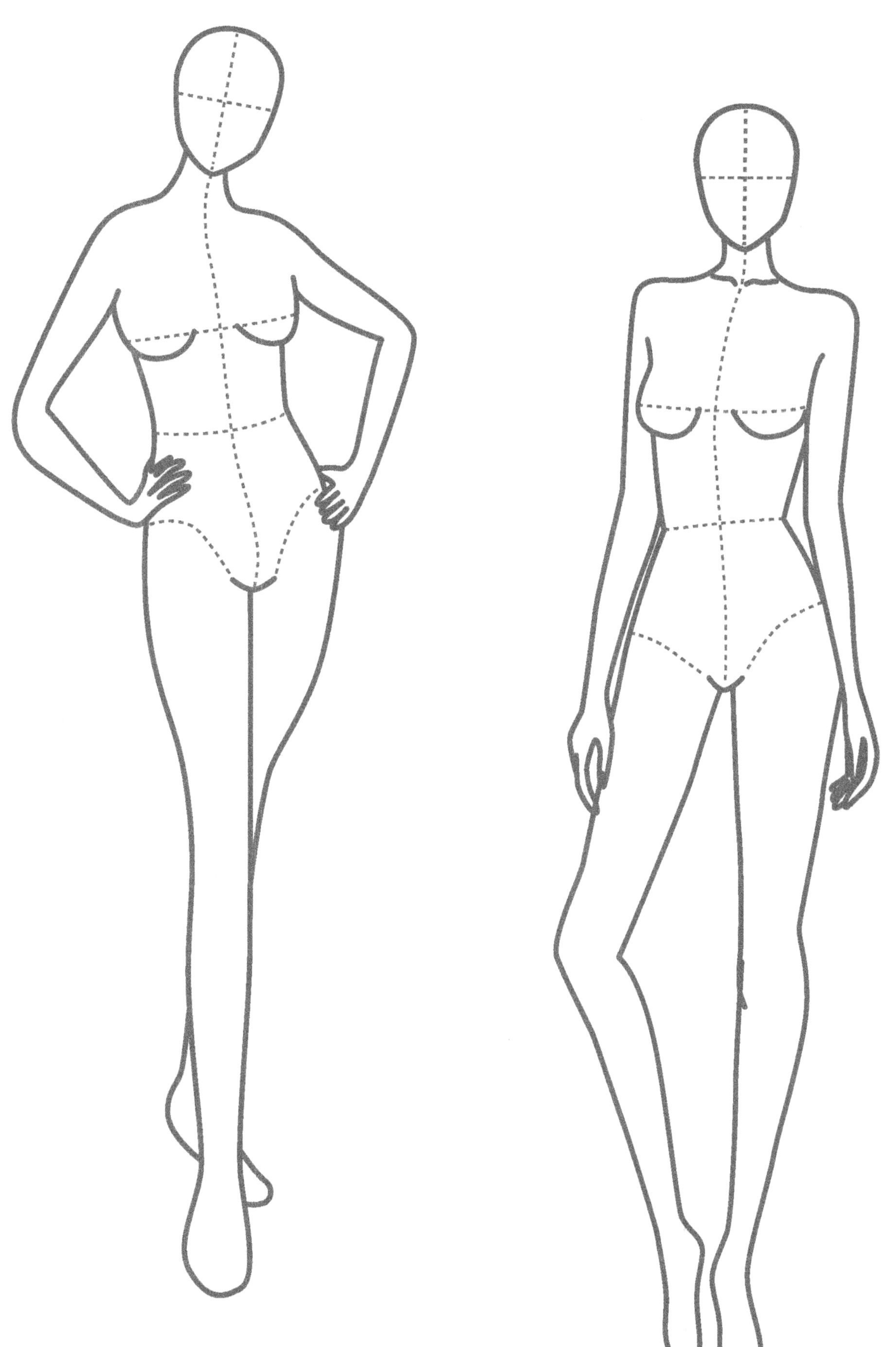

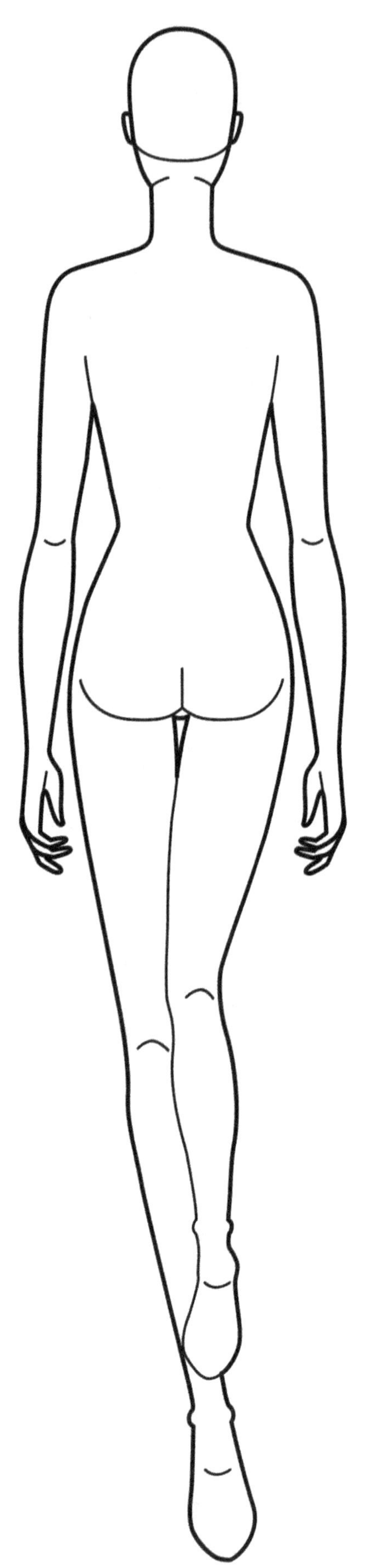
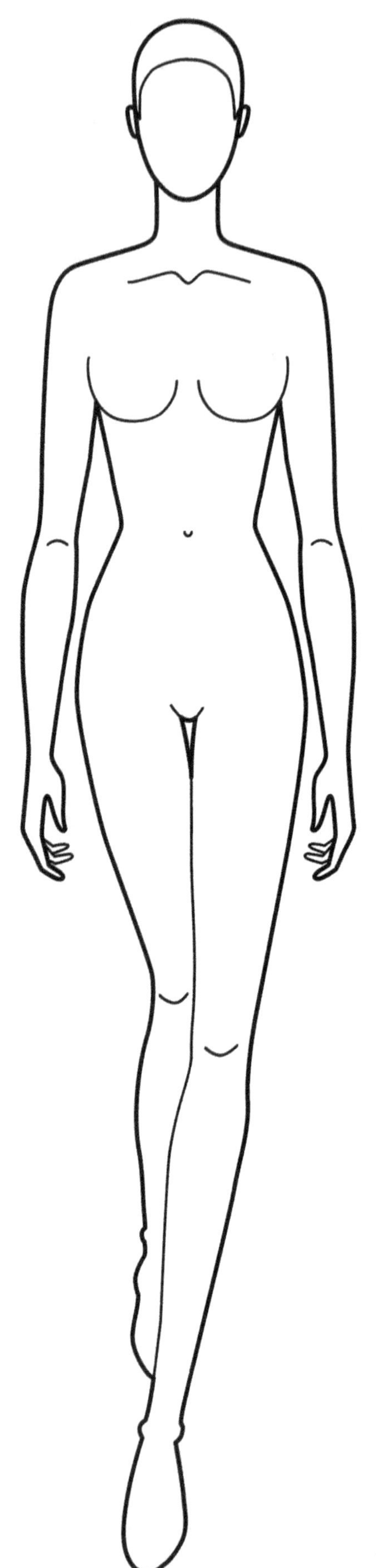

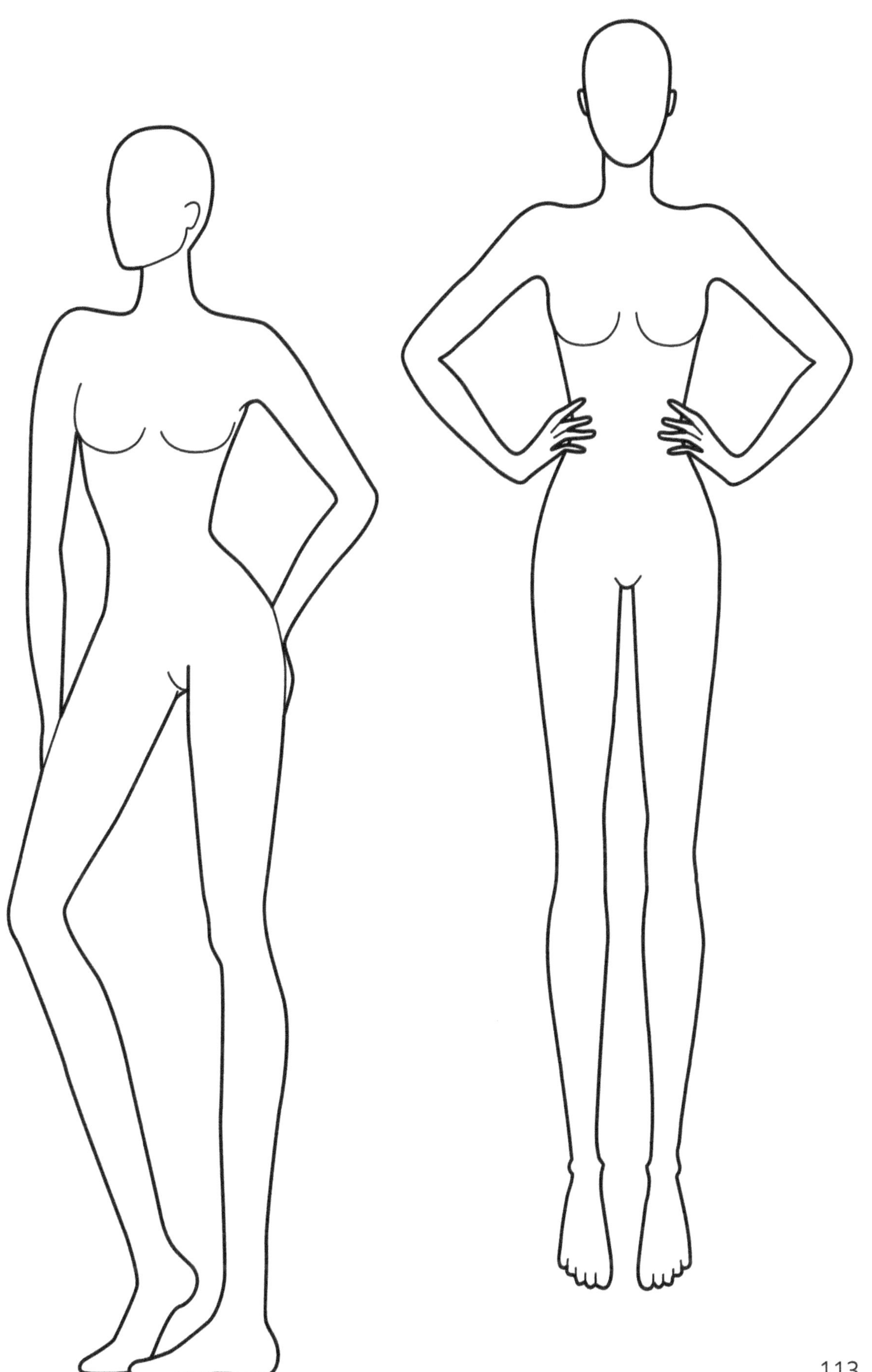

Deine Notizen & Inspirationsfotos

Diese Seite ist deine kreative Galerie. Verwende sie, um Fortschritte festzuhalten, Lieblingsdesigns zu speichern und über deine Entwicklung nachzudenken.

- Füge Skizzen, Inspirationsfotos oder Ausschnitte hinzu, um deine Modeideen zum Leben zu erwecken.
- Notiere Farben, Stoffe oder Outfit-Details, die dich inspiriert haben.
- Lass Platz für dein zukünftiges Ich, um zu sehen, wie sich dein Stil verändert.

Profi-Tipp: Ein einziges Bild oder Stoffmuster kann eine ganze Kollektion inspirieren. Scheue dich nicht, selbst kleinste Details festzuhalten, die dich begeistern!

Outfit-Inspiration:
Office Chic & Runway Glam

Büro-Layering & Klassischer Red-Carpet-Look

Office-Chic-Inspiration

Layering verwandelt einfache Büro-Basics in raffinierte Ensembles. Trage einen Rollkragenpullover unter einem ärmellosen Kleid oder eine Bluse unter einem strukturierten Jumpsuit. Schals, Gürtel und Blazer verleihen Tiefe, ohne Professionalität zu verlieren. Cleveres Layering ist sowohl praktisch als auch elegant.

Runway-Glam-Inspiration

Klassischer Red-Carpet-Glamour bleibt zeitlos: bodenlange Kleider aus edlem Samt oder Satin mit eleganten Drapierungen. Kombiniert mit High Heels, einer glatten Hochsteckfrisur und funkelndem Schmuck entsteht ein Look voller Eleganz und Raffinesse.

Modepraxis-Leitfaden & Notizen

Diese Seite ist für Reflexion und Wertschätzung gedacht. Sieh dir deine bisherigen Skizzen an und erkenne, wie weit du gekommen bist. Nutze sie, um Erkenntnisse festzuhalten und dein nächstes Ziel zu setzen.

So verwendest du diese Seite:
- Fasse zusammen, was du bisher gelernt hast.
- Skizziere ein Design, das deinen Fortschritt repräsentiert.
- Schreibe auf, was du als Nächstes erkunden möchtest.

Reflexion & Notizen:
- Was war meine größte Verbesserung?
- Welche Technik möchte ich meistern?
- Was ist meine nächste Design-Herausforderung?

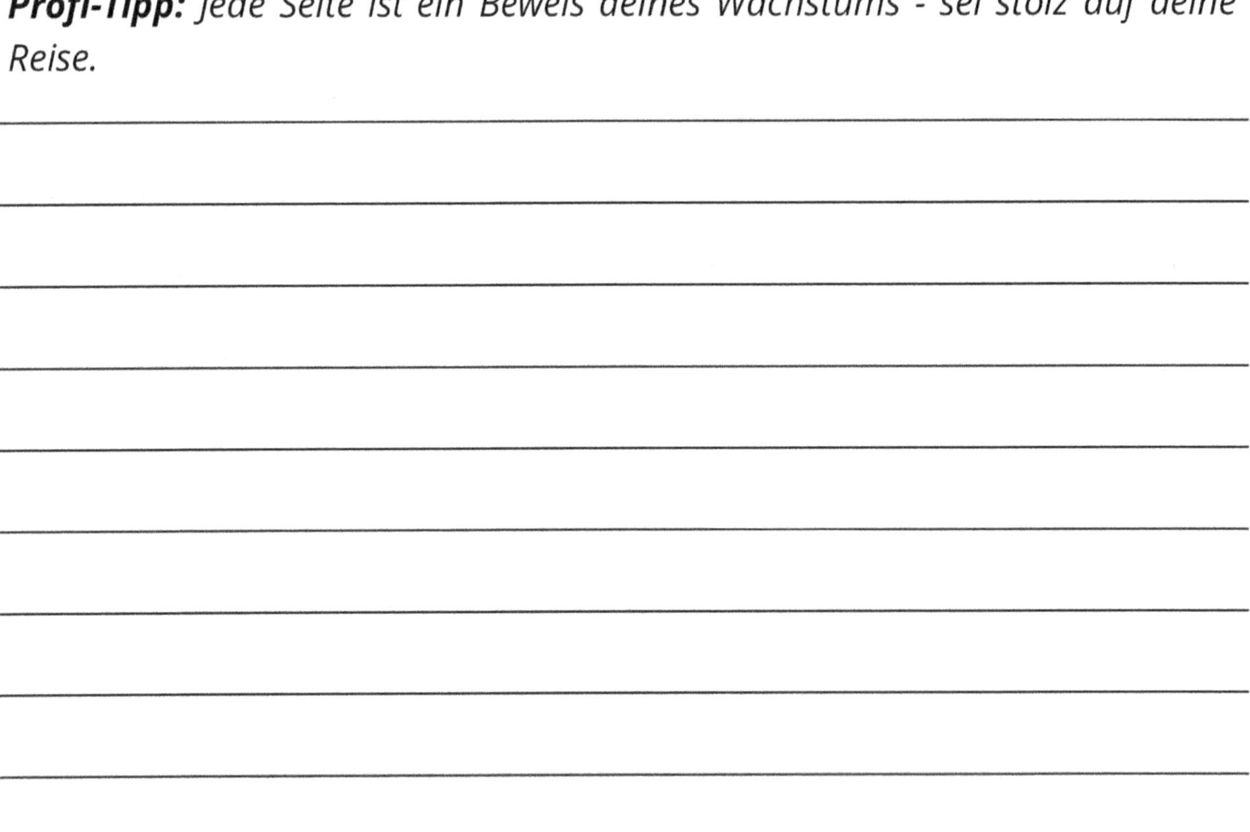

Profi-Tipp: *Jede Seite ist ein Beweis deines Wachstums - sei stolz auf deine Reise.*

Outfit-Inspiration: Streetwear

Streetwear als Selbstausdruck

Im Kern geht es bei Streetwear um persönliche Identität. Es geht nicht darum, Trends zu kopieren, sondern Elemente zu mischen, um deine eigene Geschichte zu erzählen. Ob oversized, farbenfroh, minimalistisch oder sportlich - der Schlüssel ist Authentizität.

Skizzierübung: Entwirf ein Outfit, das sich wie „du selbst" anfühlt. Denke an Lieblingsfarben, Schnitte oder kulturelle Einflüsse. Füge Details hinzu, die das Outfit einzigartig machen - vielleicht Patches, Prints oder dein eigenes Logo-Konzept.

Abschließender Gedanke: Streetwear ist mehr als Kleidung - sie ist eine Haltung. Selbstbewusstsein ist das beste Accessoire, das du tragen kannst.

Trends

Inspiration

Textilien

Notizen

Details

Stoffproben

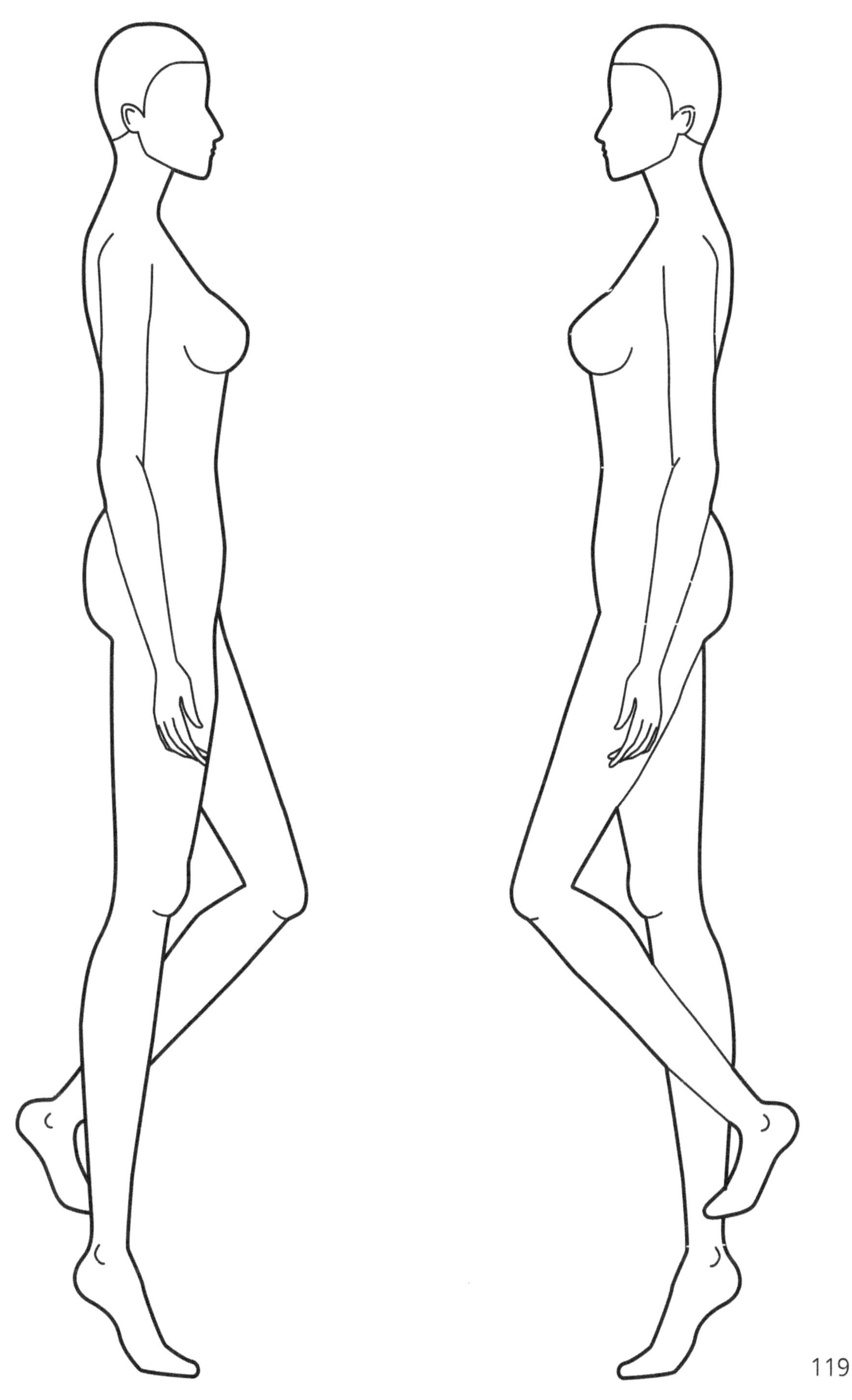

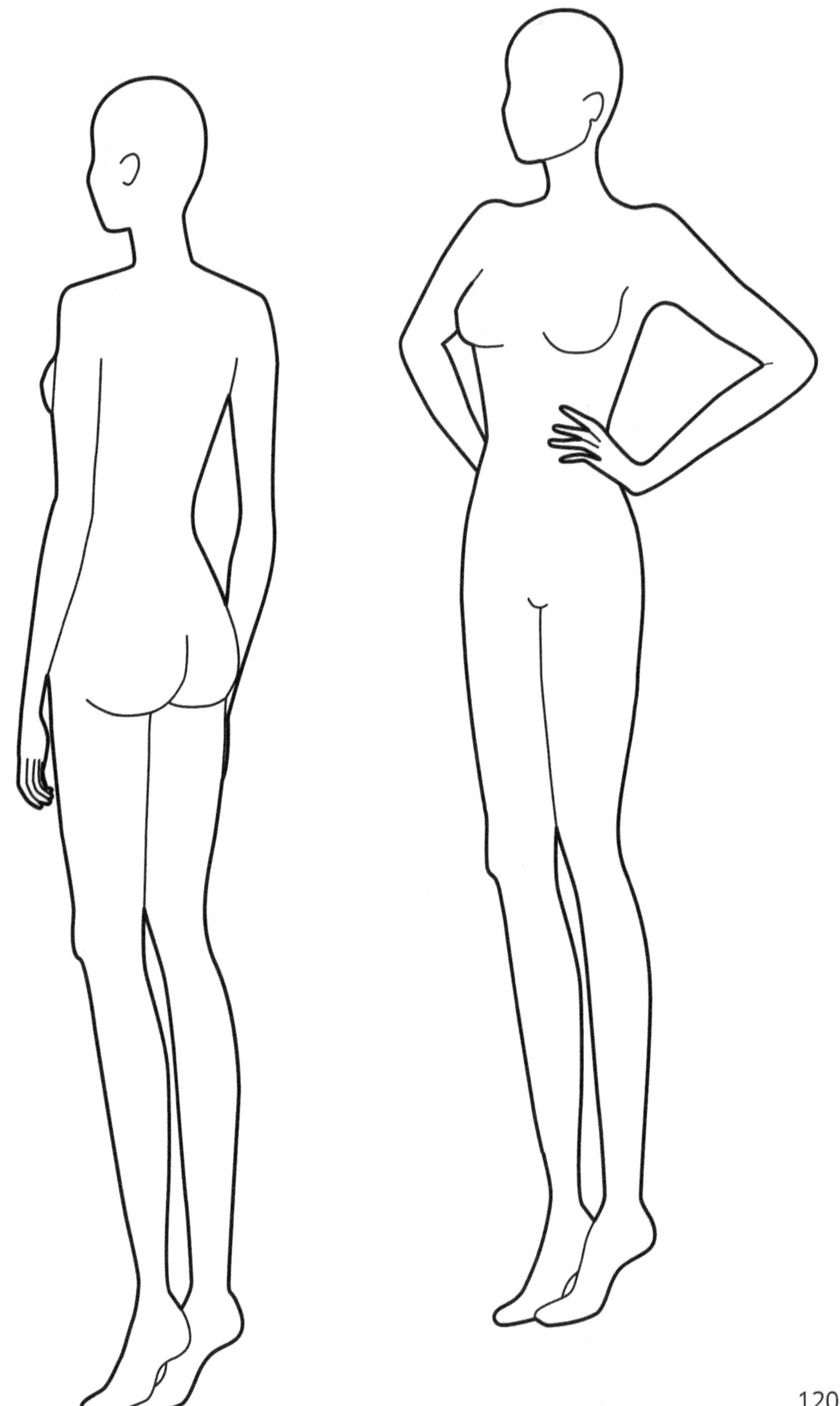

120

Deine Notizen & Inspirationsfotos

Diese Seite ist deine kreative Galerie. Verwende sie, um Fortschritte festzuhalten, Lieblingsdesigns zu speichern und über deine Entwicklung nachzudenken.

- Füge Skizzen, Inspirationsfotos oder Ausschnitte hinzu, um deine Modeideen zum Leben zu erwecken.
- Notiere Farben, Stoffe oder Outfit-Details, die dich inspiriert haben.
- Lass Platz für dein zukünftiges Ich, um zu sehen, wie sich dein Stil verändert.

Profi-Tipp*: Ein einziges Bild oder Stoffmuster kann eine ganze Kollektion inspirieren. Scheue dich nicht, selbst kleinste Details festzuhalten, die dich begeistern!*

Outfit-Inspiration:
Office Chic & Runway Glam

Mutiges Büro-Statement & Avantgarde-Glamour

Office-Chic-Inspiration

Manche Tage verlangen nach einem Statement. Ein farbintensiver Anzug - in Smaragdgrün, Königsblau oder leuchtendem Rot - strahlt Selbstbewusstsein aus. Kombiniere ihn mit einer neutralen Bluse und schlichten Schuhen, damit der Anzug im Mittelpunkt steht. Ideal für Präsentationen oder wichtige Meetings.

Runway-Glam-Inspiration

Avantgarde-Glamour stellt Traditionen infrage. Denke an übertriebene Formen, geschichtete Volumen oder experimentelle Texturen. Kleider können unkonventionelle Stoffe, asymmetrische Schnitte oder übergroße Accessoires vereinen. Diese Laufsteg-Looks sollen sowohl Staunen hervorrufen als auch zum Nachdenken anregen.

Trends

Inspiration

Textilien

Notizen

Details

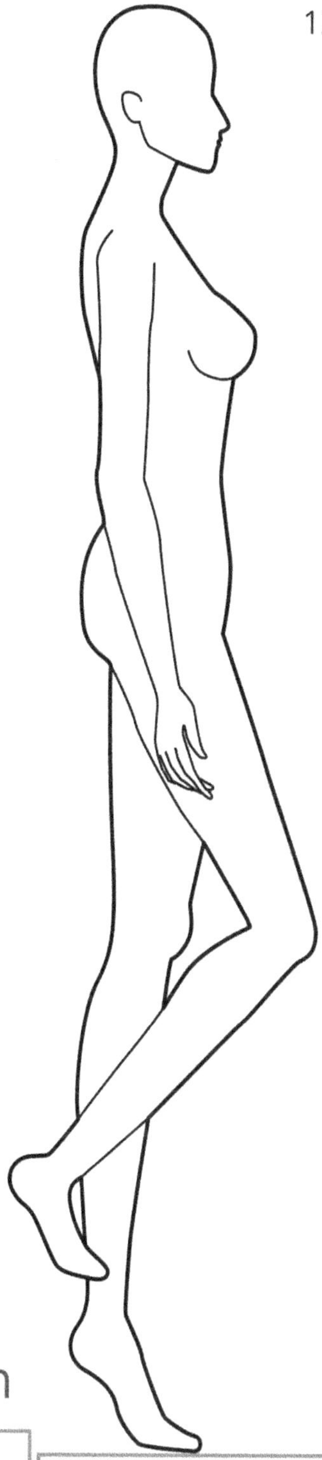

Stoffproben

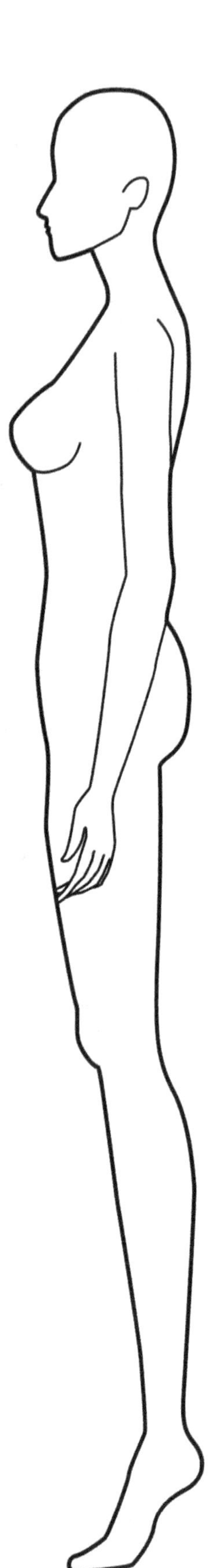

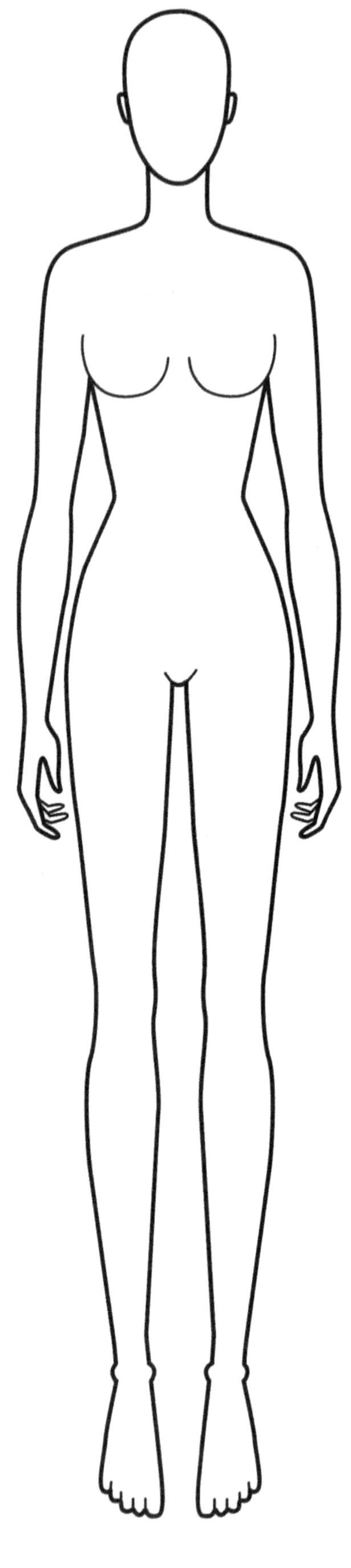

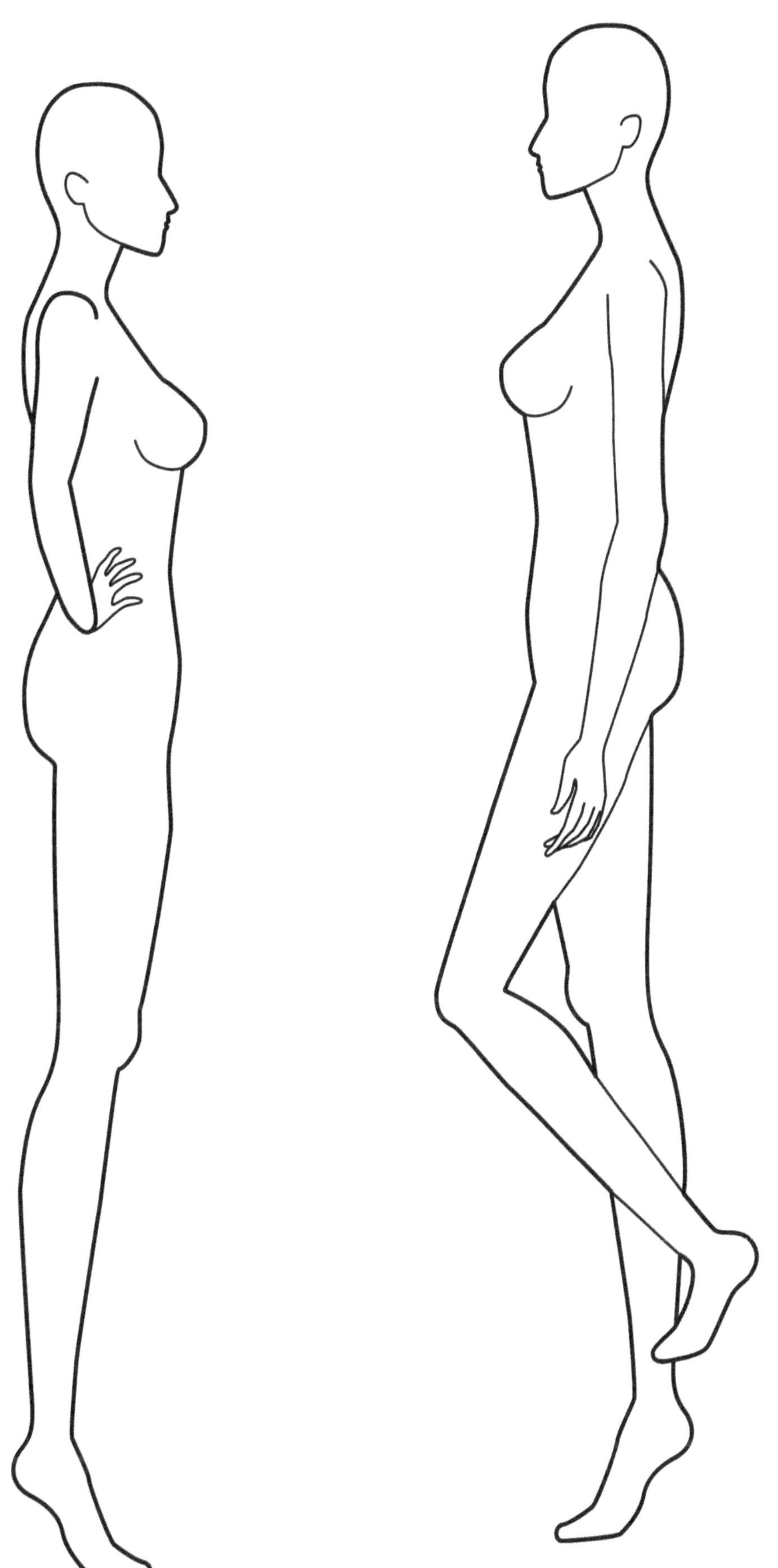

Trends

Inspiration

Textilien

Notizen

Details

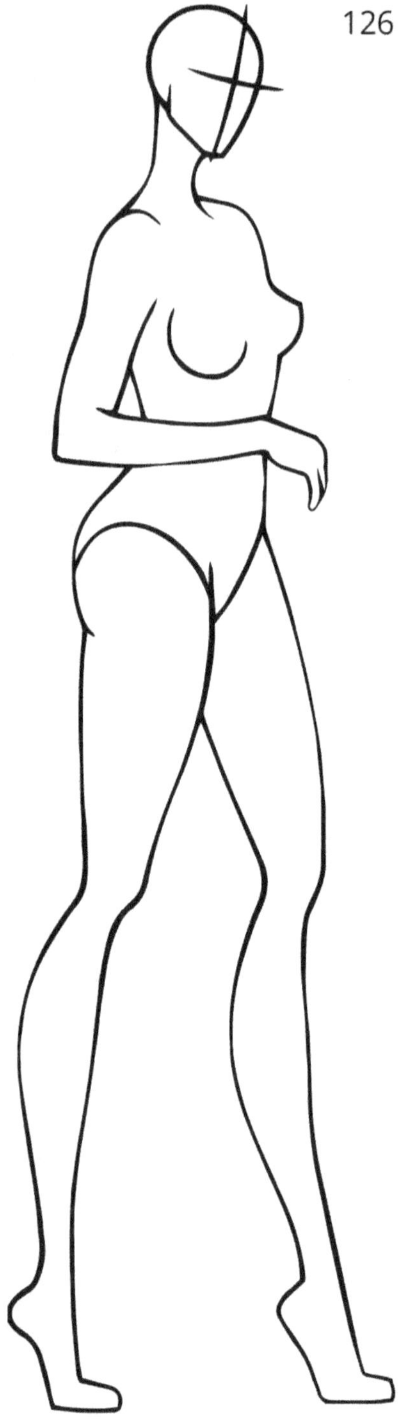

Stoffproben

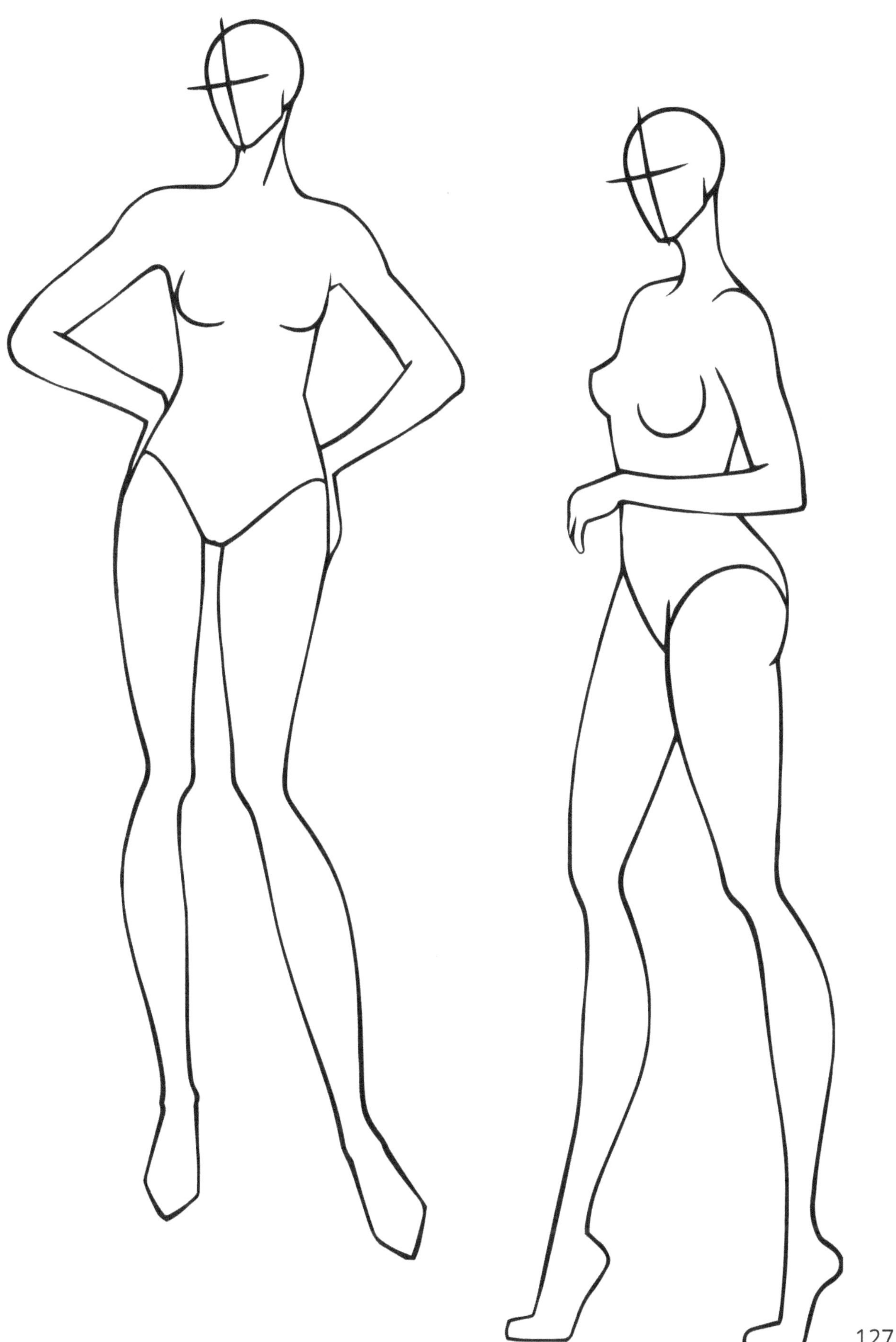

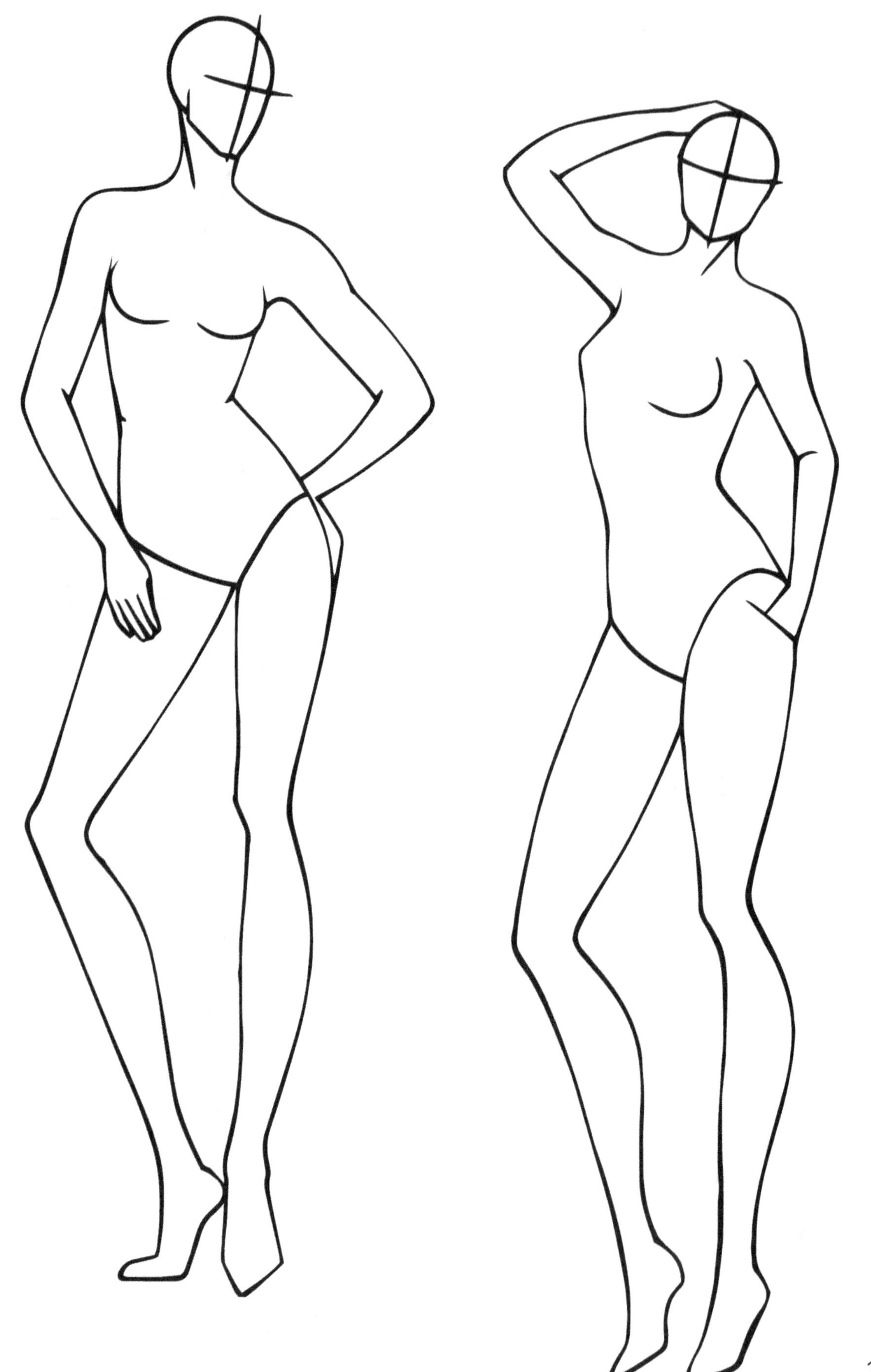

Trends

Inspiration

Textilien

Notes

Details

Stoffproben

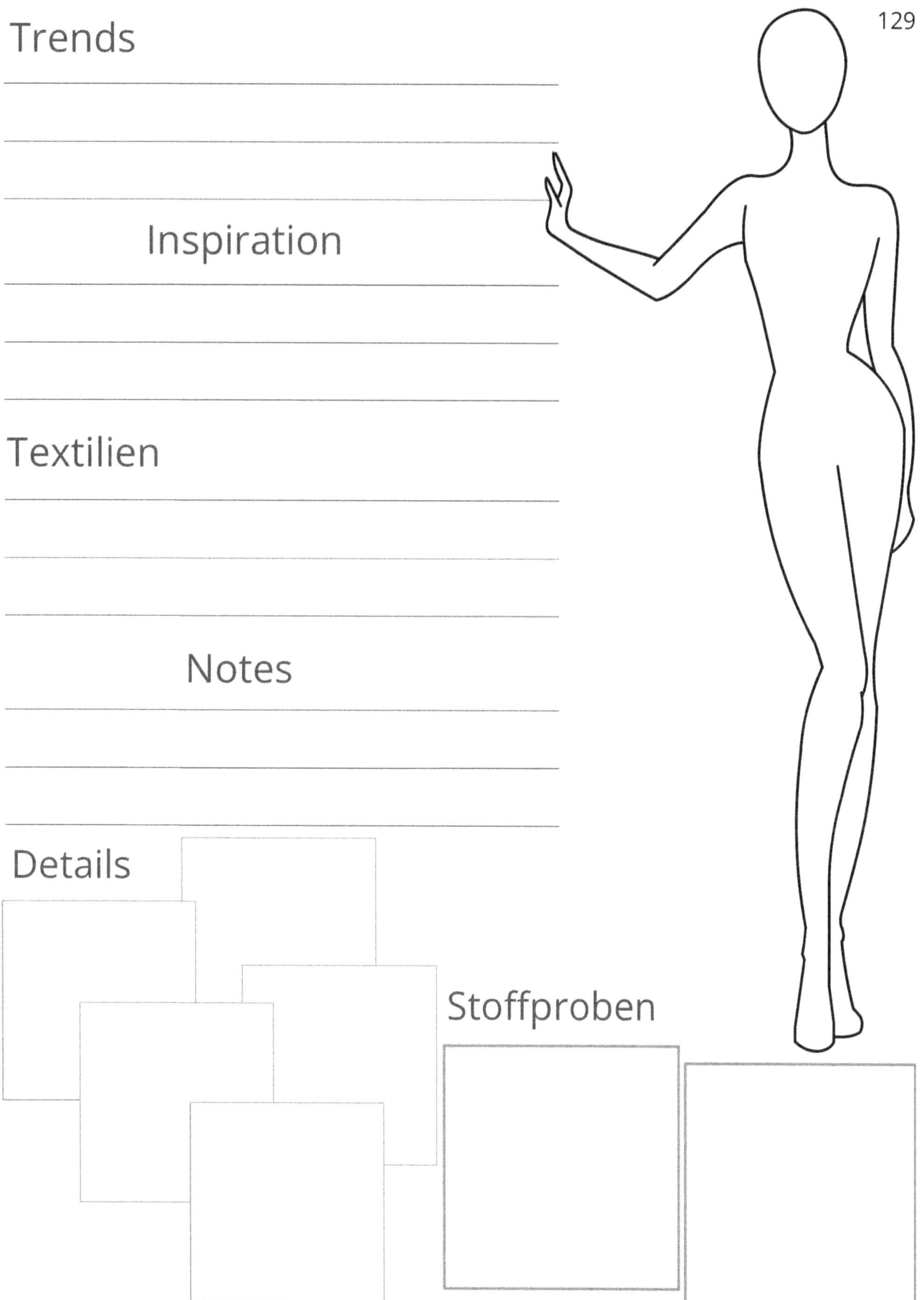

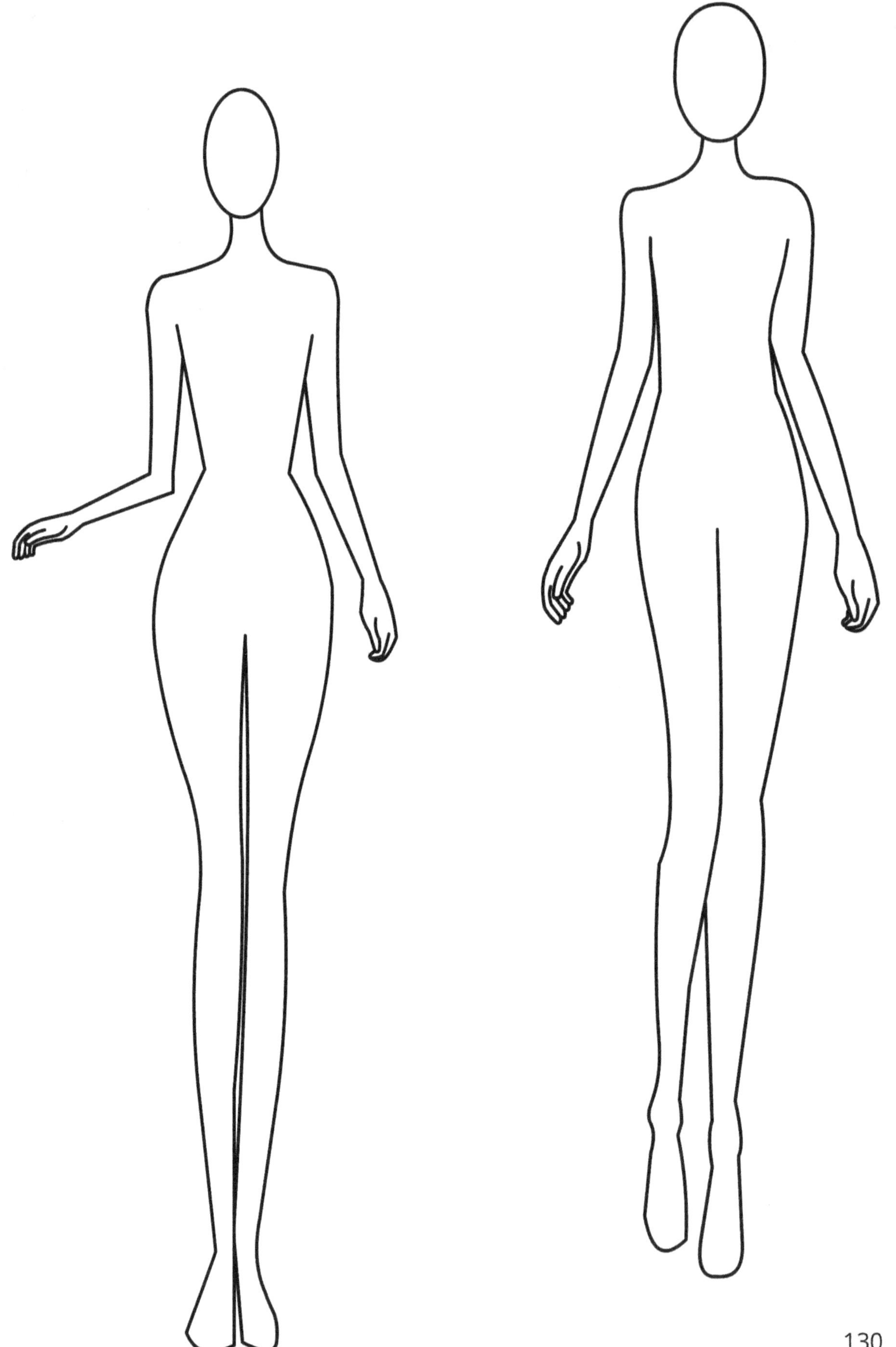

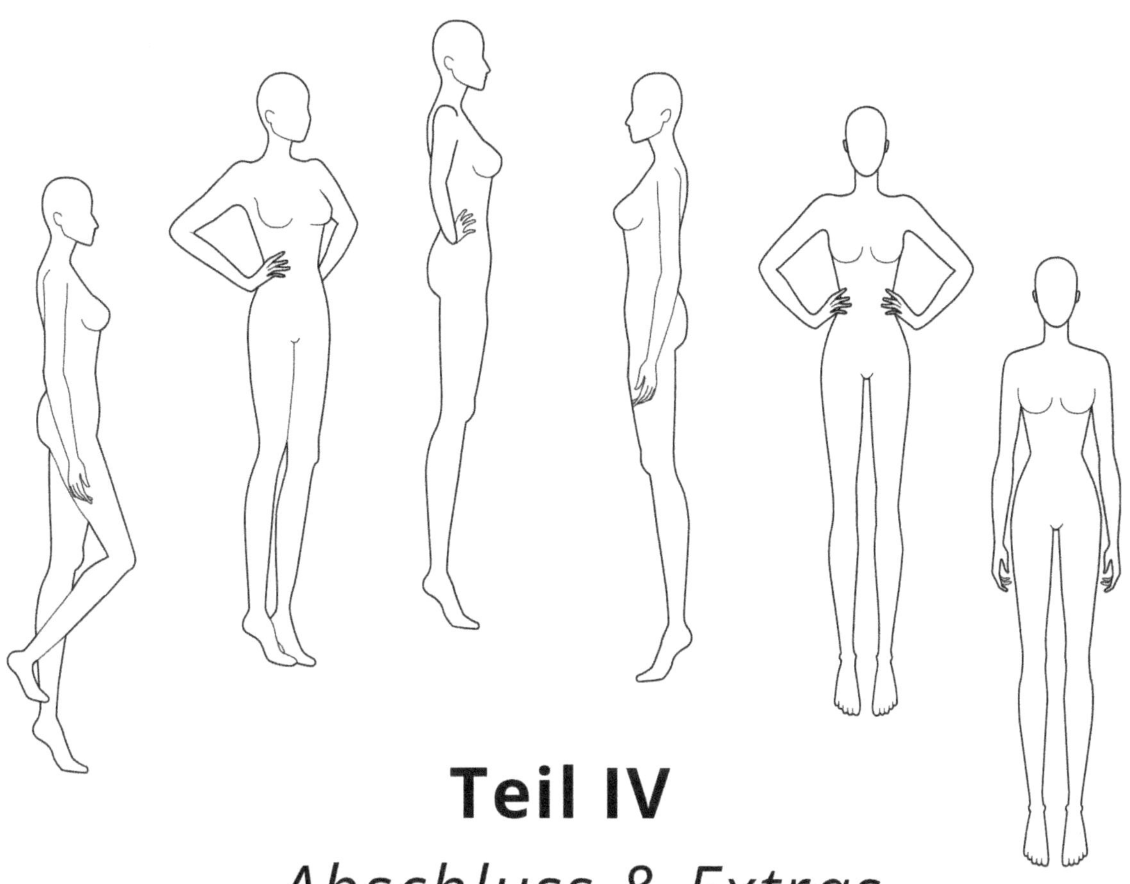

Teil IV
- *Abschluss & Extras*

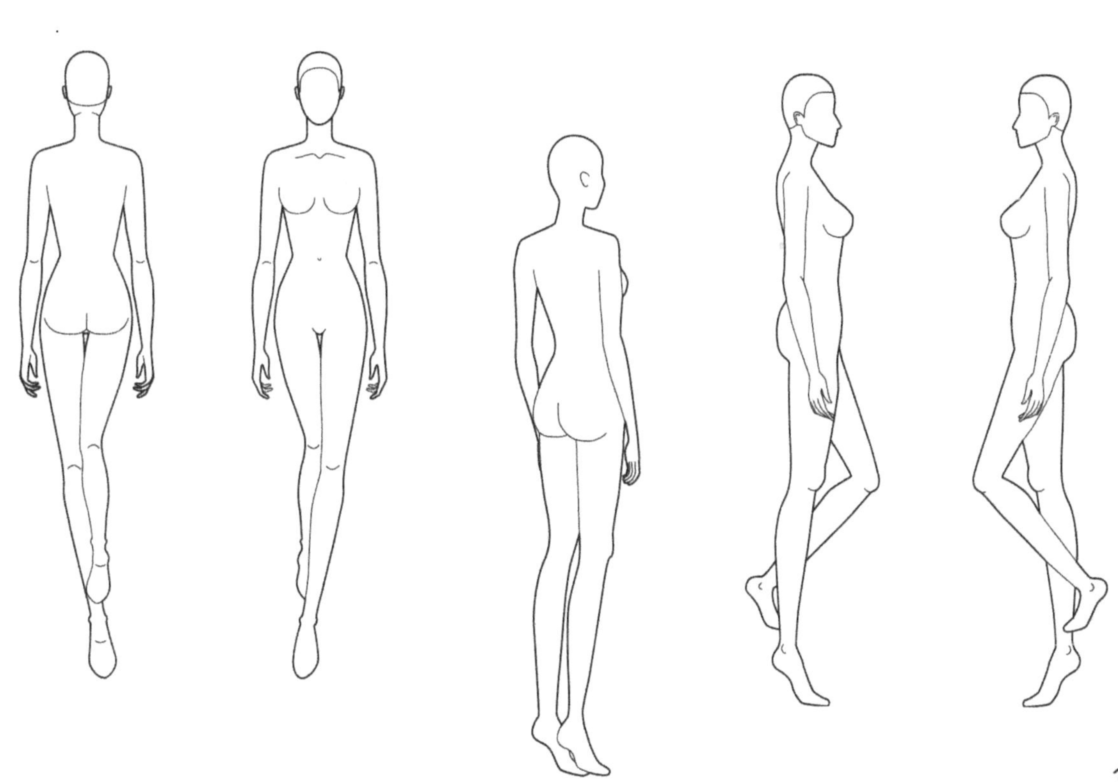

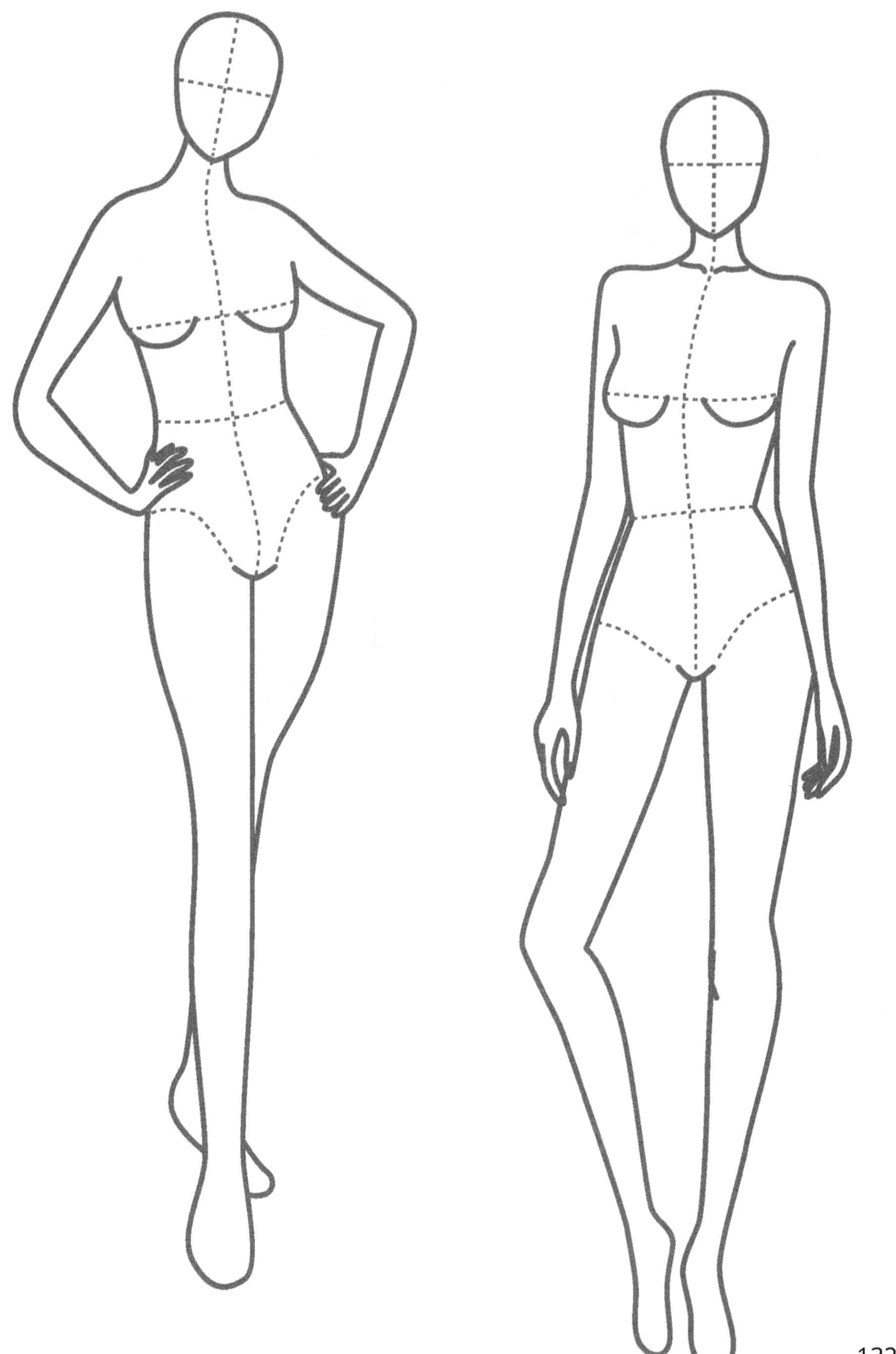

Klassische Silhouette neu interpretieren

Nimm eine zeitlose Silhouette - etwa einen Bleistiftrock, Trenchcoat oder das kleine Schwarze - und gestalte sie auf drei verschiedene Arten neu. Überlege, wie Stoff, Farbe und Details ein klassisches Stück modern und spannend machen können. Du kannst Asymmetrie hinzufügen, mit Texturen spielen oder unerwartete Elemente kombinieren. Diese Übung hilft dir, traditionelle Regeln zu brechen und dennoch eine starke Grundform zu bewahren.

Geführte Fragen:
- Welche klassische Silhouette hast du gewählt?
- Welche Veränderungen machen sie moderner?
- Wie würdest du dein Redesign in einem Wort beschreiben?

Profi-Tipp: *„Innovation beginnt mit kleinen Veränderungen vertrauter Formen."*

Capsule-Wardrobe-Challenge

Entwirf eine Capsule Wardrobe mit fünf Teilen, die zusammen funktionieren. Denke an Oberteile, Hosen und Layering-Elemente, die sich vielseitig kombinieren lassen, um mehrere Outfits zu schaffen. Diese Übung schärft dein Gespür für Zusammenhalt, Vielseitigkeit und eine klare Stilidentität.

Fragen:

- Was ist das Stilthema deiner Capsule Wardrobe? (z. B. Minimal Chic, Boho, Edgy)
- Welche Farben oder Stoffe dominieren?
- Wie lassen sich die Teile miteinander kombinieren?

Profi-Tipp: *„Wenn jedes Teil zu jedem anderen passt, hast du es perfekt getroffen."*

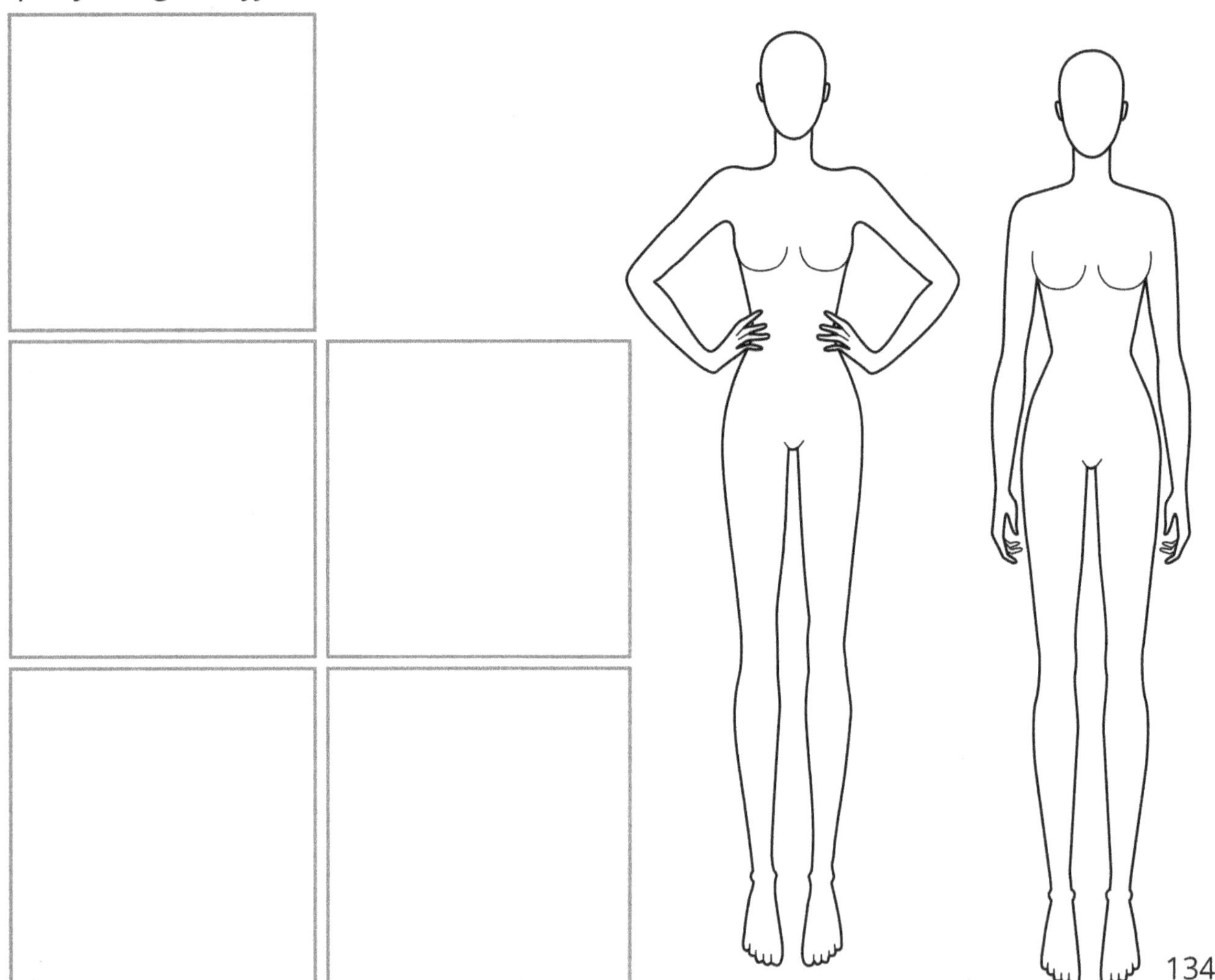

Saisonale Inspiration

Wähle eine Jahreszeit - Frühling, Sommer, Herbst oder Winter - und entwirf ein Outfit, das von ihren Farben, Texturen und Stimmungen inspiriert ist. Denke über Klischees hinaus: vielleicht ein Winter-Outfit in zarten Pastelltönen oder ein Sommer-Look in gedeckten Erdtönen. Lass dich von der Saison leiten, aber gib ihr deine persönliche Note.

Fragen:

- Welche Jahreszeit hat dich inspiriert?
- Welche Farben oder Texturen repräsentieren sie?
- Wie unterscheidet sich dieses Design von typischen Saisonlooks?

Profi-Tipp*: „Überrasche dein Publikum, indem du saisonale Erwartungen neu interpretierst."*

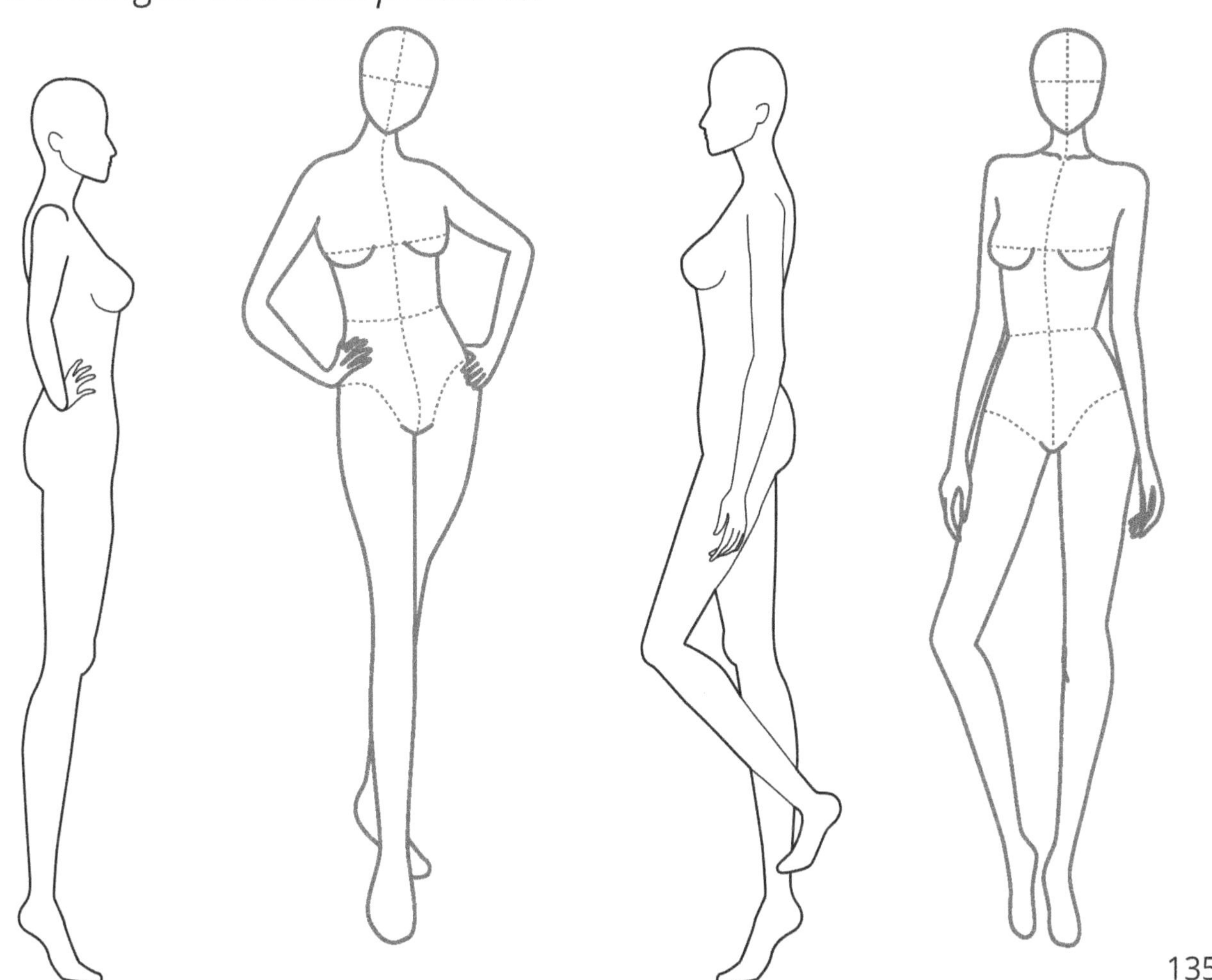

T-Shirt-Transformation

Nimm das einfachste Kleidungsstück - ein schlichtes T-Shirt - und erfinde es neu. Füge besondere Ärmel hinzu, verändere den Ausschnitt, experimentiere mit Prints oder verwandle es in ein Kleid. Die Herausforderung: Das T-Shirt soll erkennbar bleiben, aber wie ein Statement wirken.

Fragen:

- Welche Stimmung hat dein neues T-Shirt?
- Welches Element hast du am stärksten verändert?
- Wo könnte man dein neu gestaltetes Stück tragen?

Profi-Tipp: „Schlichtheit ist die perfekte Leinwand für mutige Ideen."

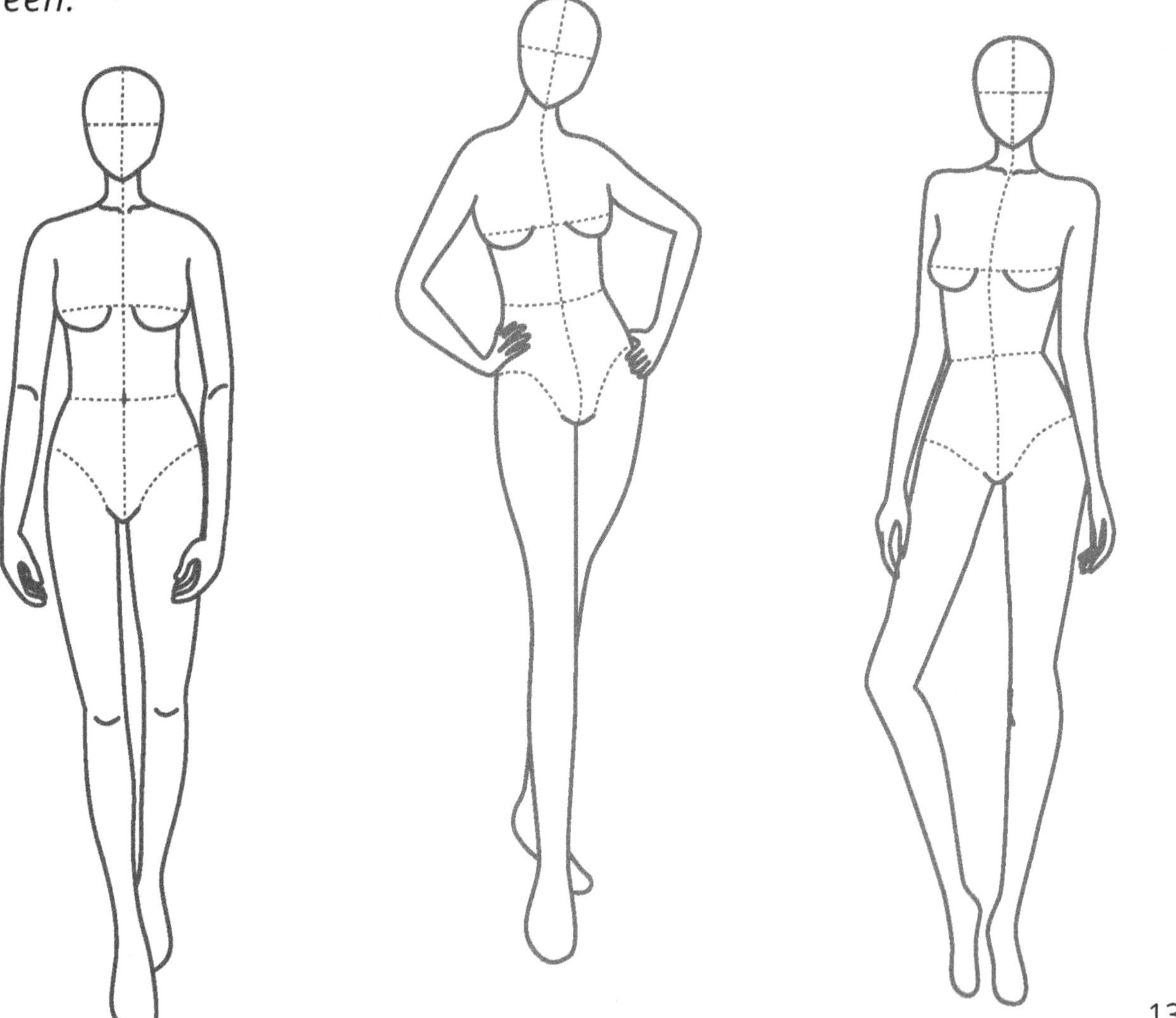

Mix & Match der Gegensätze

Kombiniere zwei gegensätzliche Stile - zum Beispiel sportlich & romantisch, Business & Boho, Streetwear & Luxus - und entwirf daraus ein harmonisches Outfit. Diese Übung zeigt dir, wie Gegensätze neue, aufregende Modesprachen schaffen.

Fragen:
- Welche zwei Stile kombinierst du?
- Welches Element verbindet sie miteinander?
- Neigt das Outfit mehr zu einem Stil oder hält es die Balance?

Profi-Tipp*: „Die einprägsamsten Looks entstehen aus Kontrasten.“*

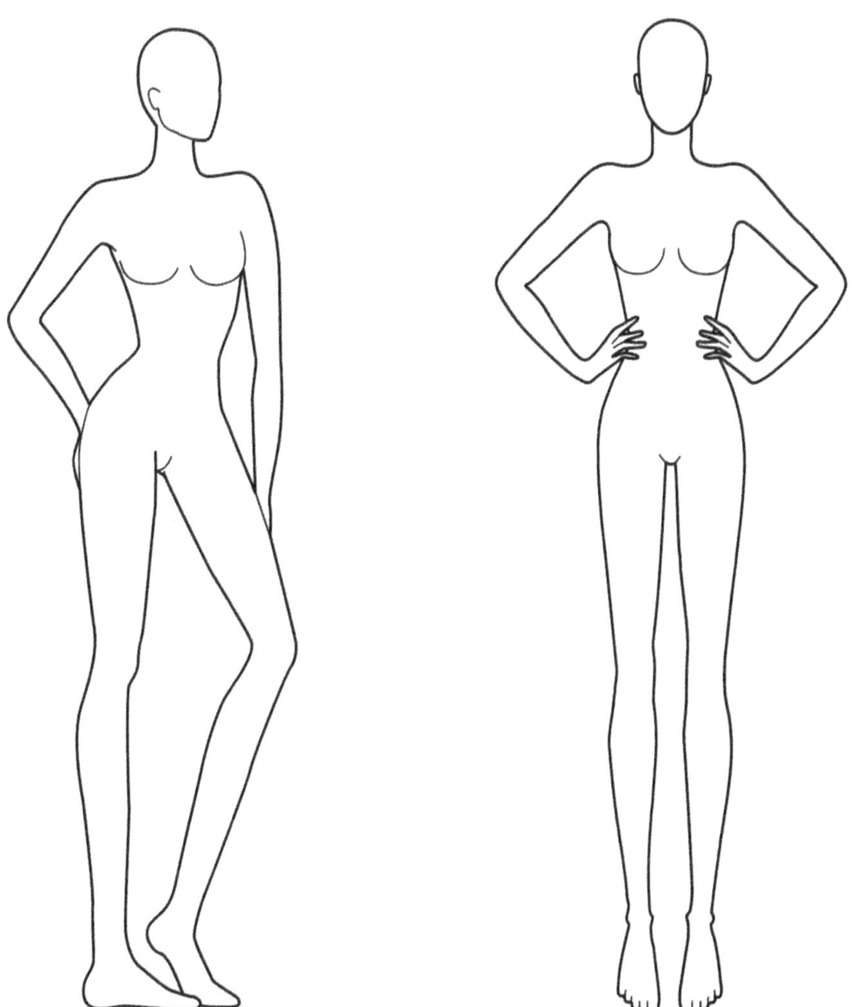

Fokus auf Accessoires

Entwirf einen Look, bei dem Accessoires die Hauptrolle spielen. Schuhe, Taschen, Hüte, Schmuck - alles ist erlaubt. Halte die Kleidung schlicht, damit die Accessoires glänzen können. Diese Übung trainiert dein Auge für den richtigen Schwerpunkt im Outfit.

Fragen:

- Welches Accessoire sticht am meisten hervor?
- Wie unterstützen die Kleidungsstücke das Accessoire?
- Würde der Look auch ohne das Accessoire funktionieren?

Profi-Tipp: *„Accessoires können ein schlichtes Outfit in einen Signature-Look verwandeln."*

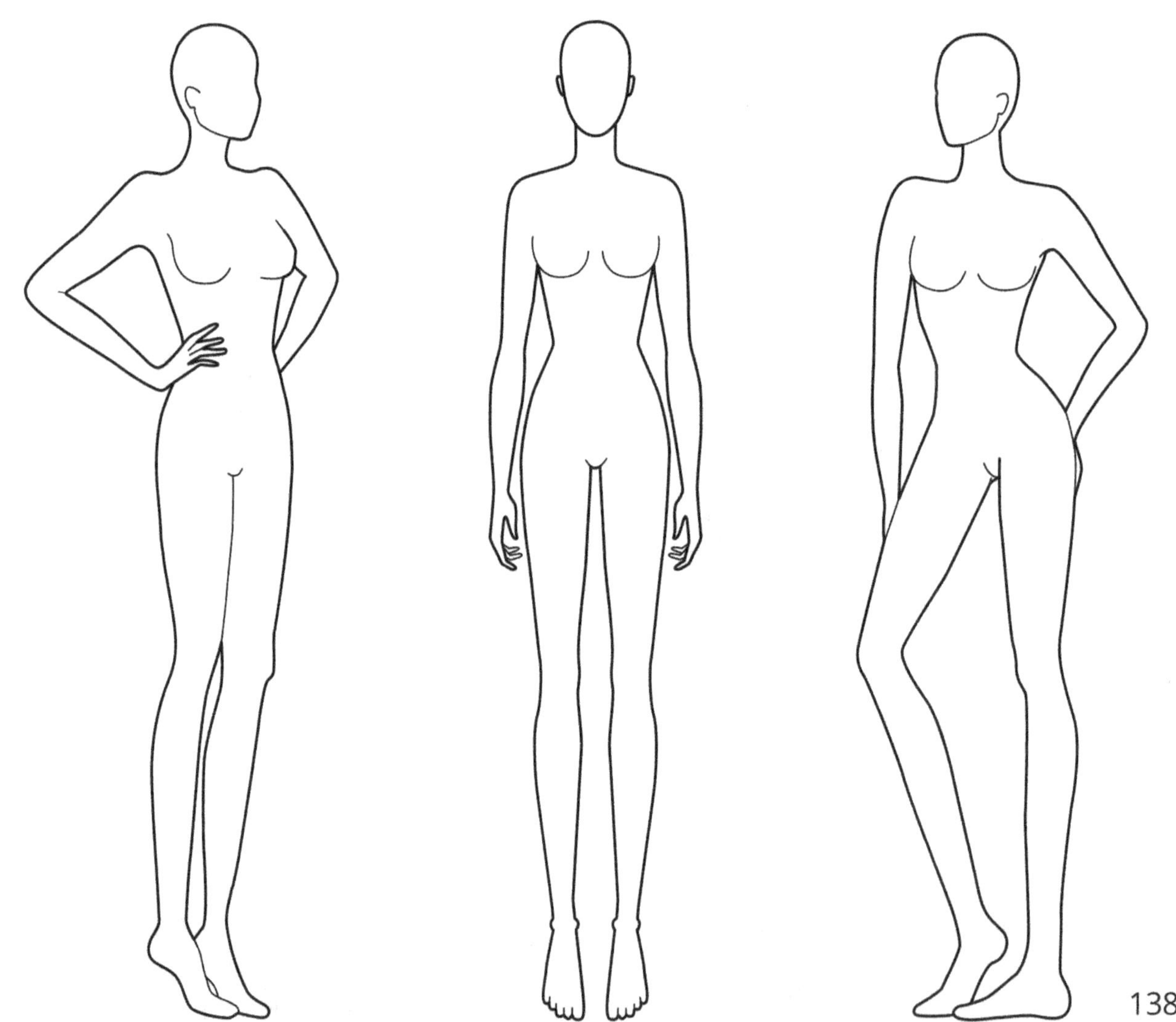

Mode im Wandel der Zeit

Wähle ein Jahrzehnt oder einen historischen Stil und modernisiere ihn. Vielleicht viktorianische Ärmel in Streetwear, 1920er-Perlenstickerei im Trainingsanzug oder 90er-Grunge in luxuriösen Stoffen. Diese Übung lehrt dich, Inspiration aus der Vergangenheit zu ziehen und sie zeitgemäß umzusetzen.

Fragen:
- Welche Epoche hat dich inspiriert?
- Welchen modernen Twist hast du hinzugefügt?
- Wie passt dein Design zu heutigen Trends?

Profi-Tipp: *„Die Zukunft der Mode baut auf ihrer Vergangenheit auf."*

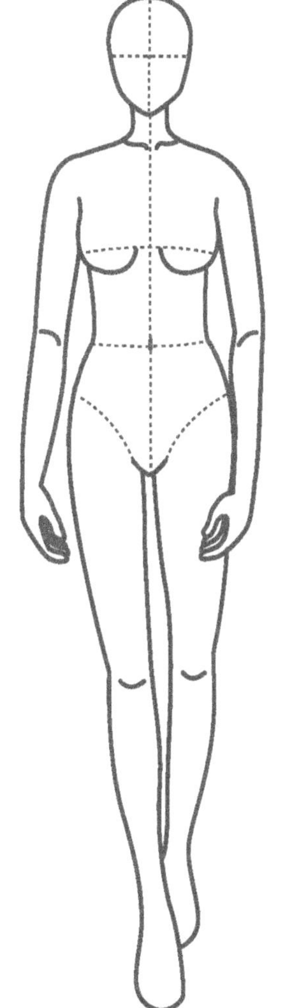

Moodboard zum Outfit

Erstelle ein Mini-Moodboard und entwirf anschließend ein Outfit, das darauf basiert. Sammle Farben, Texturen und Bilder, die dich inspirieren, klebe oder zeichne sie hier ein und übertrage das Gefühl in einen tragbaren Look.

Fragen:

- Was ist das Thema deines Moodboards?
- Welche Elemente hast du im Design umgesetzt?
- Fühlt sich das fertige Outfit so an wie dein Moodboard?

Profi-Tipp: *„Ein starkes Konzept = eine starke Kollektion."*

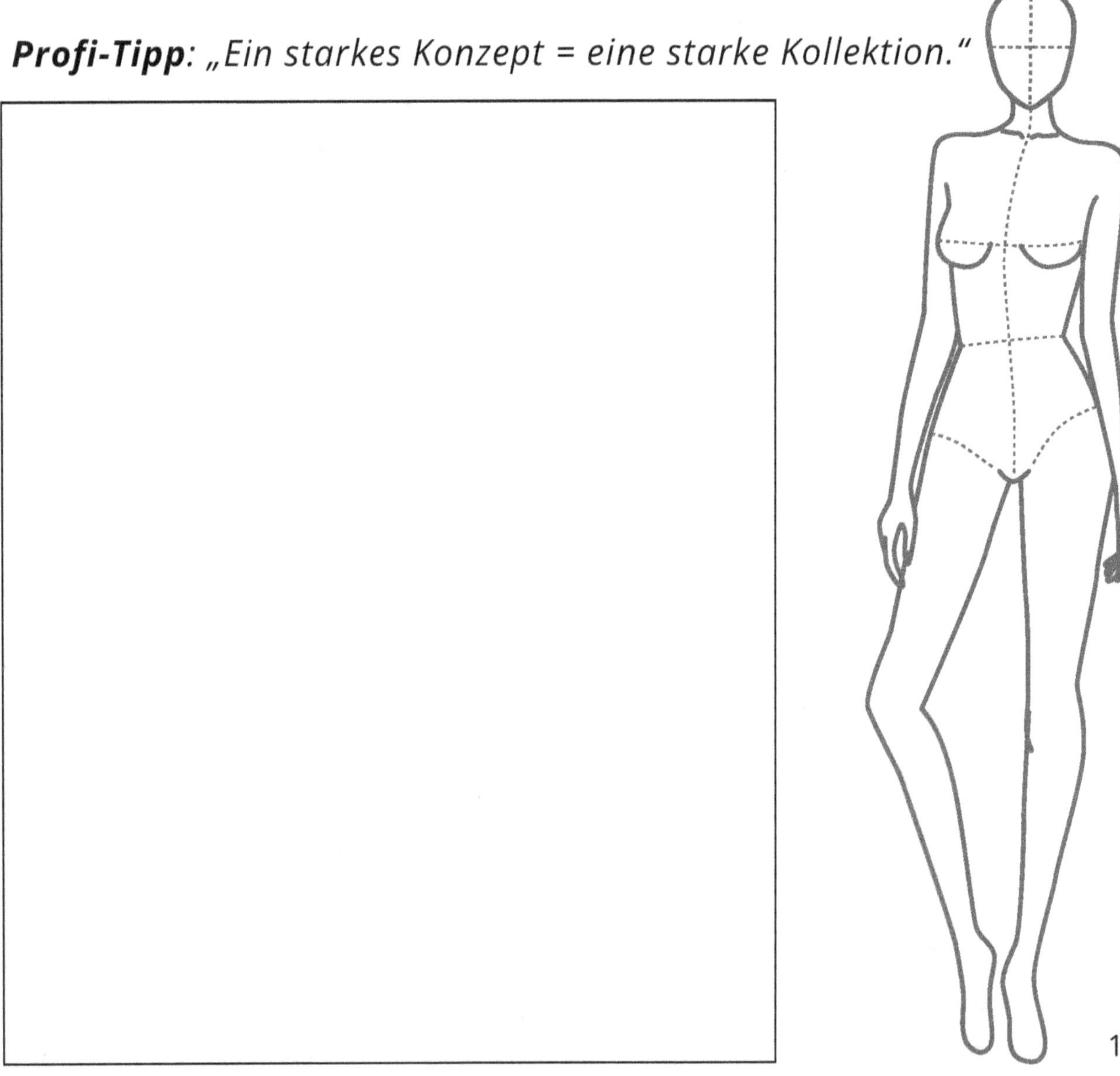

Fashion-Designer-Checkliste

Jede Designerin braucht die richtigen Werkzeuge und Materialien. Nutze diese Checkliste, um sicherzustellen, dass du für jede Skizzen- oder Design-Session vorbereitet bist. Hake ab, was du bereits hast, und ergänze deine eigenen Must-haves!

Design-Grundausstattung

- Skizzenbücher & leeres Papier ....
- Fashion-Figuren-Vorlagen ....
- Bleistifte (HB, 2B, 4B) ....
- Fineliner & Tintenstifte ....
- Radiergummis & Spitzer ....
- Lineale & französische Kurven ....

Farben & Texturen

- Farbstifte ....
- Marker / Alkoholmarker ....
- Aquarellfarben oder Gouache ....
- Stoffproben ....
- Texturmuster ....

Werkzeuge & Zubehör

- Scheren & Cutter ....
- Klebestift / Klebeband ....
- Maßband ....
- Nadeln / Clips ....
- Portfolio-Mappe ....

Digitale Tools (optional)

- Zeichen-Tablet ....
- Stylus-Stift ....
- Fashion-Software (CAD / Sketch-Apps) ....

Stoffrecherche

- Textilkataloge ....
- Trendmagazine ....
- Moodboard-Materialien ....

Meine Lieblingsstoffe & Marken
- Platz für Notizen

Diese Seite gehört nur dir! Notiere deine Lieblingsstoffe, Texturen und bevorzugten Marken. Denke an Materialien, die dich inspirieren - ob weiche Seide, robuster Denim oder luxuriöser Samt.

- Meine Top 3 Stoffe:
- Stoffe, mit denen ich gerne arbeiten würde:
- Mein bevorzugtes Textilgeschäft / Marke:
- Ein Stoff, der meinen Stil repräsentiert:
- Traum-Material für zukünftige Designs:

Lass Platz für Notizen oder kleine Felder, um Stoffproben einzukleben.

Meine Kreativität kennt keine Grenzen!

Mein persönliches Fashion-Journal

Meine Kreativität kennt keine Grenzen!

Ein Ort für deine Gedanken als Designerin.

Du hast den letzten Abschnitt dieses Skizzenbuchs erreicht - aber das ist erst der Anfang deiner kreativen Reise. Nutze diese Seite, um Erkenntnisse, Träume und Ziele festzuhalten:

- Was ich bisher gelernt habe:
- Meine Lieblingsdesigns:
- Der Stil, der mich am besten repräsentiert:
- Meine nächsten Design-Ziele:

„Jede Skizze ist eine neue Möglichkeit. Experimentiere weiter, skizziere weiter, kreiere weiter."

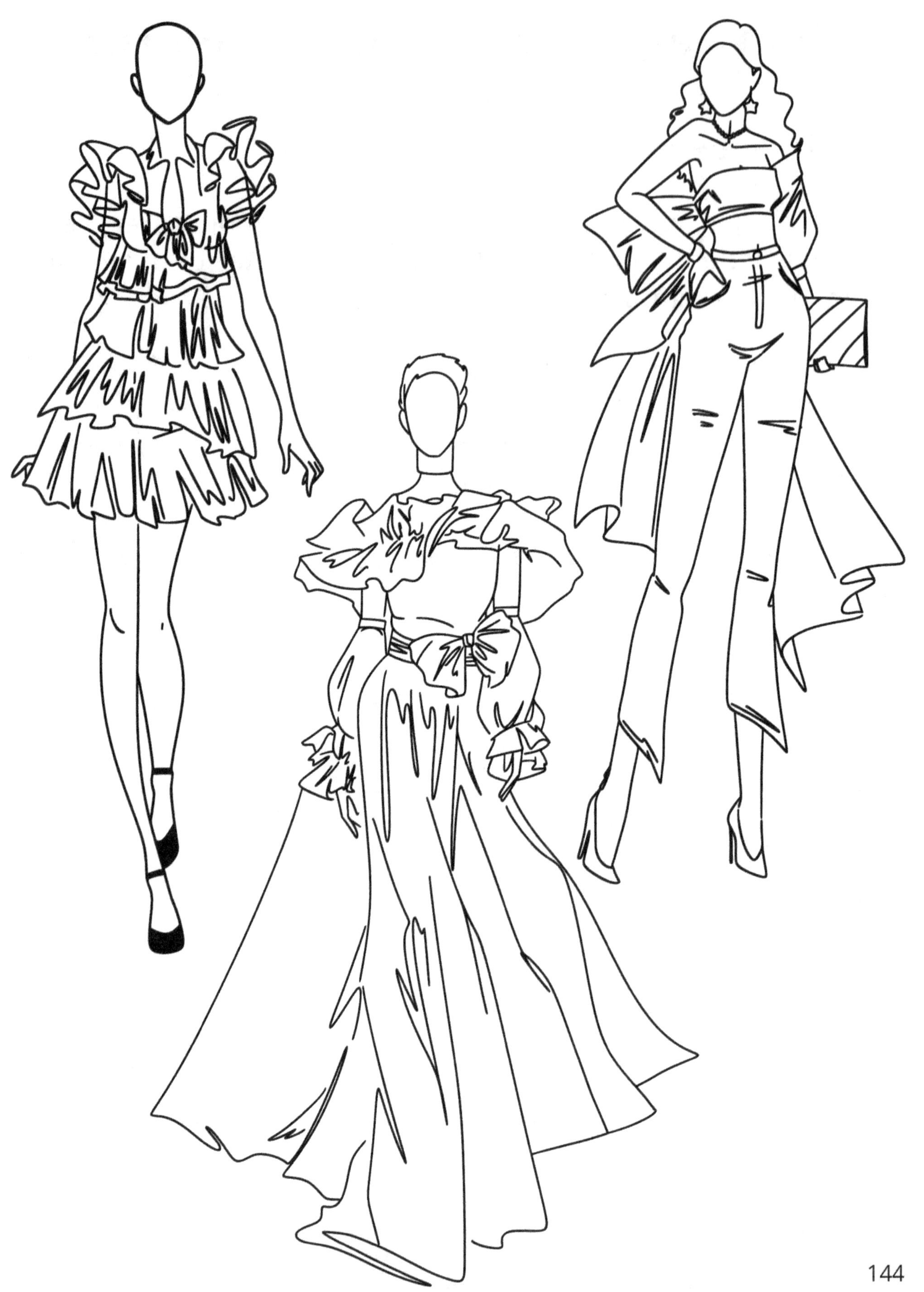

Herzlichen Glückwunsch!
Du hast es geschafft!

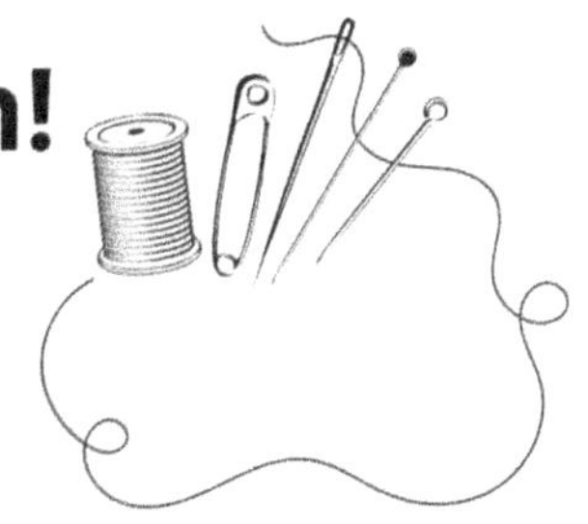

Herzlichen Glückwunsch, Designerin!

 Du hast die letzten Seiten dieses Übungsbuchs erreicht - das bedeutet, du hast Zeit, Energie und Kreativität investiert, um deine Vision zu entwickeln. Egal, ob du als Anfängerin gestartet bist oder bereits Erfahrung hattest - jede Skizze, jede Idee und jede Notiz hier war ein Schritt auf deinem Weg.

Mode ist mehr als Stoffe und Kleidung - sie ist Erzählung, Identität und Kreativität. Jede Übung hat dich deinem eigenen Stil und Selbstvertrauen nähergebracht.

Merke: Wachstum entsteht durch Beständigkeit. Skizziere weiter, experimentiere weiter - und vor allem: hab Spaß an deiner Kunst!

Wir würden uns freuen, von dir zu hören!
 Wenn dich dieses Skizzenbuch inspiriert hat, teile gerne dein Feedback. Deine Erfahrung kann anderen angehenden Designerinnen helfen, ihre eigene kreative Reise zu beginnen.

Danke, dass du Teil dieses Abenteuers bist!

Skizziere weiter, designe weiter -
und höre nie auf, deine Vision auszudrücken!

Niky Jadesson

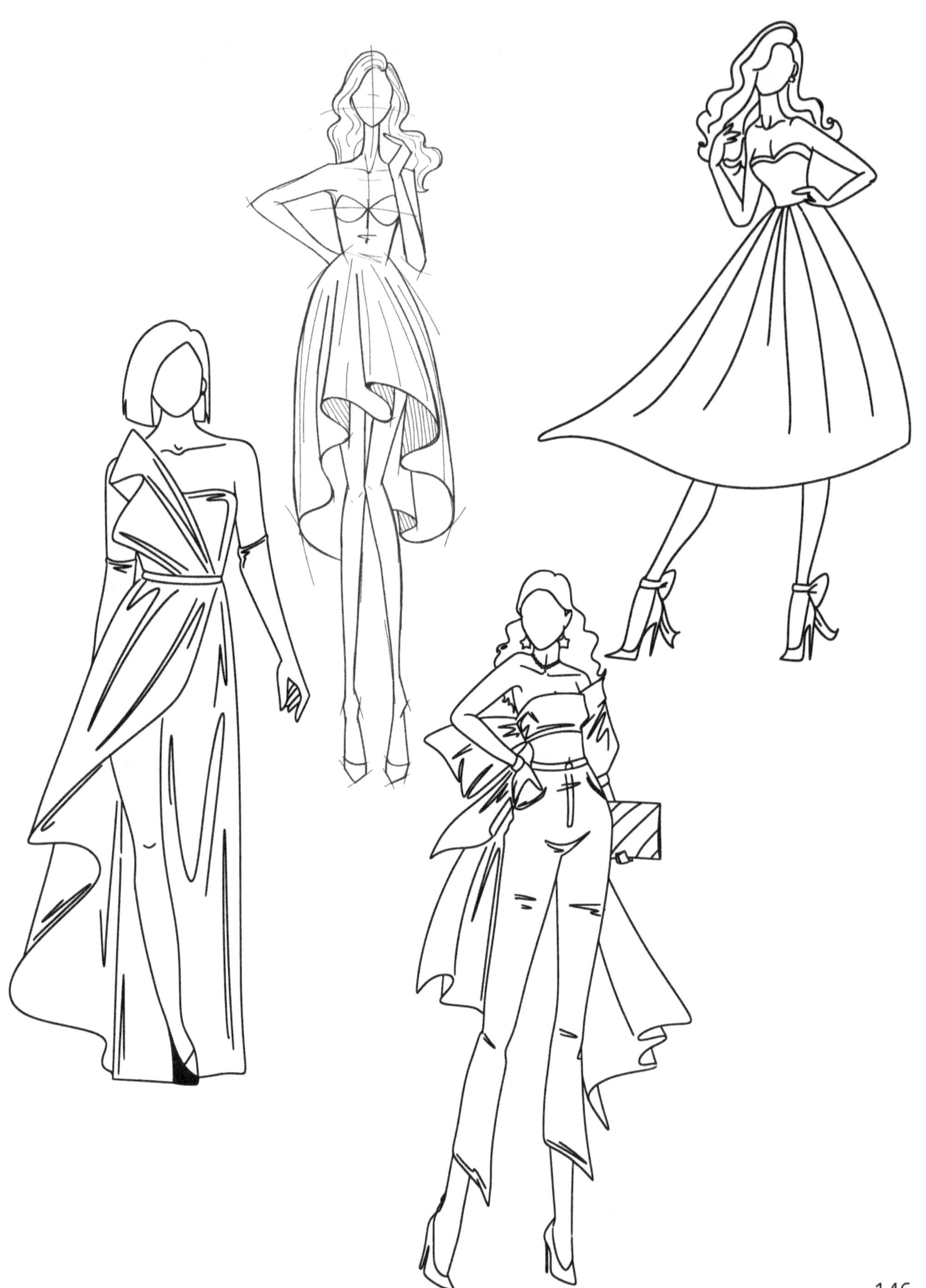

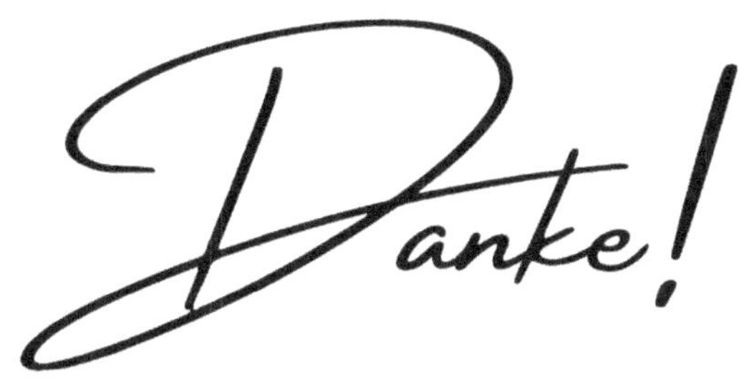

Danke!

(Abschließende Nachricht)

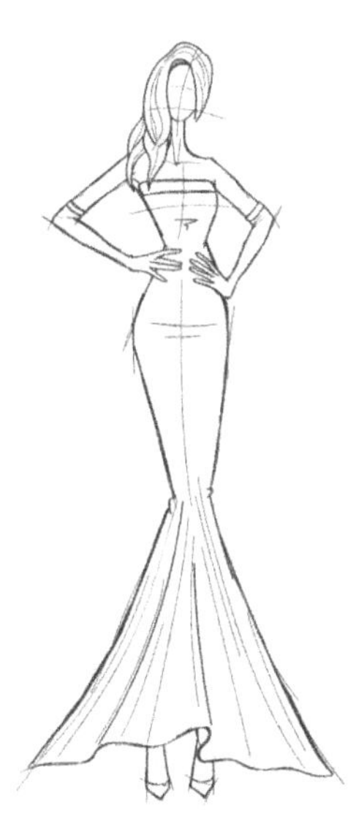

Danke, dass du hier bist!

Wir hoffen, dass dir dieses Skizzenbuch gefallen hat - inspirierend, praktisch und mit Freude zu nutzen.

Deine Unterstützung bedeutet uns sehr viel!

Als unabhängiges Publishing-Projekt hilft uns jedes Feedback, jede Bewertung oder Anregung, mehr kreative Tools für angehende Modedesignerinnen zu schaffen.

Wenn du Feedback, Vorschläge oder einfach Grüße teilen möchtest, kontaktiere uns gerne:
✉ nikyjadesson@gmail.com

Entdecke weitere Varianten dieses Skizzenbuchs, indem du „**Niky Jadesson Books**" suchst.

Vielen Dank, dass du Teil dieser kreativen Reise bist - möge deine Kunst mit jeder neuen Skizze weiterleuchten!

Niky Jadesson

Danke, dass du dieses Buch gewählt hast!

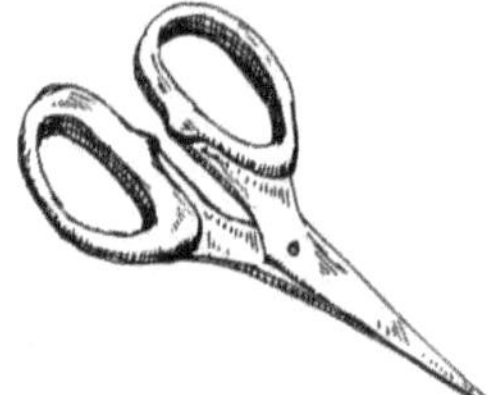 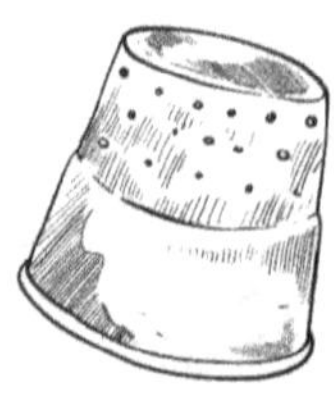 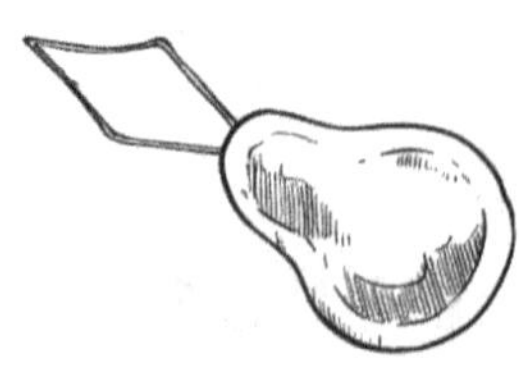 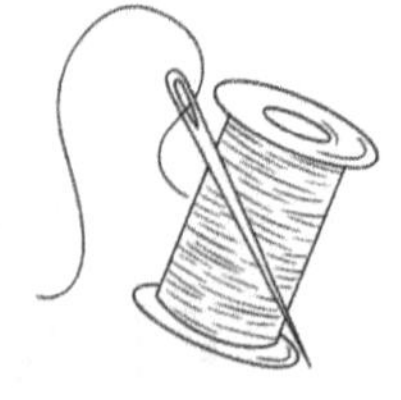

Wir schätzen die Zeit, Mühe und Leidenschaft, die du in dieses Skizzenbuch gesteckt hast. Deine Kreativität inspiriert uns, weiterhin Ressourcen zu schaffen, die Wachstum, Selbstvertrauen und Ausdruck fördern.

Wenn dir dieses Buch gefallen hat, bedeutet uns deine Rezension sehr viel - sie hilft anderen Kreativen, es zu entdecken, und unterstützt unsere Mission.

Möchtest du mehr erkunden?
Finde weitere Designs und Varianten, indem du nach „**Niky Jadesson Books**" suchst.

Danke nochmals - und das Wichtigste:

Skizziere weiter, designe weiter, und bleib kreativ!

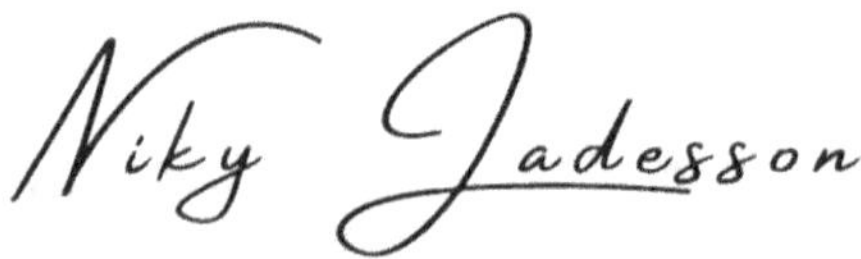

Über die Autorin

Niky Jadesson ist Autorin und Designerin mit Leidenschaft für die Verbindung von Lernen und Kreativität.

Mit Liebe zu Kunst und Selbstausdruck schafft sie Bücher, die Leserinnen ermutigen, ihre Kreativität zu entfalten, neue Fähigkeiten zu entwickeln und Freude am Gestalten zu erleben.

Ihre Inspiration stammt aus der Freude am Lernen, der Schönheit der Veränderung und dem Selbstvertrauen, das durch Übung entsteht.

Wenn Niky nicht schreibt oder neue Projekte entwirft, genießt sie Spaziergänge in der Natur, Tee und kreative Brainstormings.

Ihre Mission: Menschen inspirieren und befähigen, sich selbst auszudrücken - Seite für Seite.

Finde mehr unter: **Niky Jadesson Books**

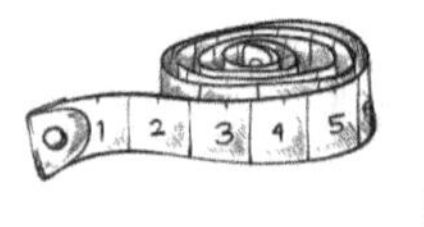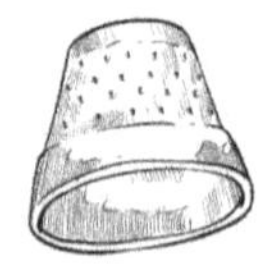

Glossar der Modebegriffe

- **Silhouette -** Die Gesamtform oder Kontur eines Kleidungsstücks. Sie vermittelt den ersten Eindruck eines Designs.
- **Schnittmuster -** Vorlage zum Zuschneiden von Stoffteilen vor dem Zusammennähen.
- **Fall (Drape) -** Die Art, wie Stoff am Körper oder an der Puppe fällt und sich bewegt.
- **Naht -** Die Linie, an der zwei Stoffstücke zusammengenäht sind.
- **Saumlinie -** Der untere Rand eines Kleidungsstücks, meist sauber verarbeitet.
- **Mieder (Bodice) -** Der obere Teil eines Kleidungsstücks, der den Oberkörper bedeckt.
- **Taillenlinie -** Der Punkt, an dem Oberteil und Unterteil aufeinandertreffen.
- **Falte (Pleat) -** Eine gezielte Stofffalte, die Form oder Volumen hinzufügt.
- **Raffung -** Zusammengezogener Stoff für dekorative Textur oder Form.
- **Futter -** Eine zweite Stofflage im Inneren eines Kleidungsstücks für Komfort und Finish.
- **Textil -** Jeder gewebte, gestrickte oder hergestellte Stoff.
- **Faser -** Grundmaterial, aus dem Stoffe bestehen (z. B. Baumwolle, Wolle, Seide, Polyester).
- **Couture -** Exklusive, handgefertigte Maßmode.
- **Ready-to-Wear (Prêt-à-porter) -** Konfektionskleidung in Standardgrößen.
- **Capsule Wardrobe -** Kleine, vielseitige Kollektion kombinierbarer Basics.

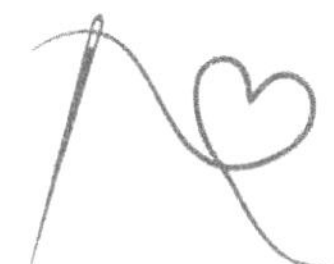 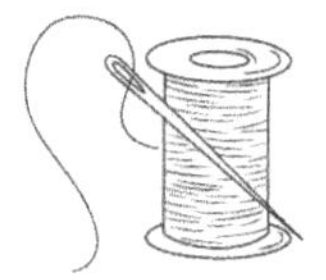

Glossar der Modebegriffe

- **Layering -** Das Kombinieren mehrerer Kleidungsschichten für Tiefe und Flexibilität.
- **Farbpalette -** Die ausgewählte Farbgruppe einer Kollektion oder eines Outfits.
- **Trend -** Ein populärer Stil oder ein dominierendes Designdetail einer Zeit.
- **Moodboard -** Visuelle Collage aus Bildern, Farben und Texturen zur Inspiration.
- **Abnäher (Dart) -** Genähte Falte zur Anpassung an Körperformen.
- **Passe (Yoke) -** Formteil an Schultern oder Hüften, das den Rest des Kleidungsstücks trägt.
- **Schrägschnitt (Bias Cut) -** Stoff diagonal zum Fadenlauf geschnitten für fließenden Fall.
- **Besatz (Trim) -** Dekorative Elemente wie Spitze, Bänder oder Stickerei.
- **Mercerie (Notions) -** Kurzwaren wie Reißverschlüsse, Knöpfe oder Haken.
- **Nachhaltige Mode -** Kleidung mit ökologischem und ethischem Bewusstsein.
- **Fast Fashion -** Schnell produzierte, trendorientierte Mode zu niedrigen Preisen.
- **Haute Couture -** Höchste handwerkliche Qualität, oft Unikate.
- **Kollektion -** Eine thematisch abgestimmte Gruppe von Designs einer Saison.

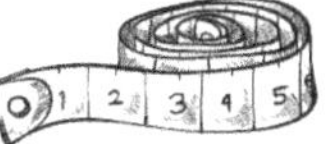